"科学教育 +"
小学跨学科项目式学习实践录

张硕司　叶国辉　杨林川　谭健　著

SPM
南方传媒

广东科技出版社
全国优秀出版社

· 广 州 ·

图书在版编目（CIP）数据

"科学教育+"小学跨学科项目式学习实践录/张硕司
等著.— 广州：广东科技出版社，2025.1
　　ISBN 978-7-5359-8327-5

　　Ⅰ.①科… Ⅱ.①张… Ⅲ.①科学知识—教
案（教育）—小学 Ⅳ.① G623.62

　　中国国家版本馆 CIP 数据核字（2024）第 085926 号

"科学教育+"小学跨学科项目式学习实践录
"Kexue Jiaoyu+" Xiaoxue Kuaxueke Xiangmushi Xuexi Shijianlu

出 版 人：严奉强
责任编辑：高　玲　涂子滢
装帧设计：云想文化
责任校对：卢晓敏
责任印制：彭海波
出版发行：广东科技出版社
　　　　　（广州市环市东路水荫路 11 号　邮政编码：510075）
销售热线：020-37607413
https://www.gdstp.com.cn
E-mail: gdkjbw@nfcb.com.cn
经　　销：广东新华发行集团股份有限公司
印　　刷：广州市东盛彩印有限公司
　　　　　（广州市增城区新塘镇上邵村第四社企岗厂房A1　邮政编码：510700）
规　　格：787 mm×1092 mm　　1/16　印张 15.75　　字数 315 千
版　　次：2025 年 1 月第 1 版
　　　　　2025 年 1 月第 1 次印刷
定　　价：49.80 元

序

2022年，教育部发布了新修订的《义务教育科学课程标准（2022年版）》，对科学教学提出了更高的要求。2023年，在习近平总书记指示，"要在教育'双减'中做好科学教育加法"之后，教育部等十八部门联合发布《教育部等十八部门关于加强新时代中小学科学教育工作的意见》（教监管〔2023〕2号），可见我国对科学教育越来越重视。

早在2015年，华南师范大学附属小学（以下简称华南师大附小）科学教育研究团队就通过研究发现，在当今这个信息日益丰富、科学技术高速发展的时代，仅运用传统的教育教学模式已经难以满足学生的好奇心和日益增长的学习需求。现在的学生不仅需要掌握大量的知识，还需要具备独立思考、解决问题的能力，以及运用跨学科知识与技能的综合素养。因此，我们迫切需要一种新的教育教学模式。《"科学教育+"小学跨学科项目式学习实践录》正是在这样的背景下应运而生的。本书旨在呈现和探索一种能够适应创新教育发展趋势的新模式——跨学科项目式学习。

本书的内容分为理论篇和实践篇，向各位读者展示我校科学组教师如何在小学科学教育教学中实施跨学科项目式学习的教学。"科学教育+"跨学科项目式学习强调以学生为中心，鼓励学生主动参与和合作交流，倡导学生在解决实际问题的过程中构建知识体系。它打破了传统教育教学中各学科之间的界限，使得物质科学、生命科学、地球与宇宙科学、技术与工程等小学科学四大领域的知识与数学、语文、艺术等其他学科知识相互渗透、相互支撑，让学生在探究实践中获得全面发展。

本书实践篇中记录了一系列我校科学组教师实践成功的案例，这些案例均来自真实的生活情境，关注生活中的实际问题，其涵盖了小学阶段的六个年级，涉及多个学科领域的知识。每个案例都经过精心设计，注重传授知识，更重视培养学生能力。通过项目实施，帮助学生建立起科学概念与现实世界之间的联系，让学生在动手操作和解决问题的过程中学习科学原理、掌握思维方法、体验科学的魅力和乐趣。通过这种方式，学生不再是被动地坐在课桌前听讲，而是成为积极的学习者，他们的好奇心和创造力得到充分的激发和发挥，他们的创新能力和实践技能也日益提升。我们希望这些案例能够为教师同行们开展跨学科项目式学习的教学提供一些参考和启发，同时也为家长们提供指导孩子进行探究实践的思路和方法。

基于研究团队的探索与积累，华南师大附小于2024年被教育部认定为首批全国中小学科学教育实验校，本书也是实验校建设的阶段性成果之一。

在收到编著本书任务之时，我们非常激动，也深感责任重大。我们深知，这不仅仅是一本介绍教学方法的书籍，也是我们科学组教师实践成果的结晶，更是一份对继续探索未来教育教学模式的承诺。因此，在正式写稿之前，我们邀请了一些在项目式学习领域或科学教学领域有着丰富经验的教育专家到我校进行专题讲学和指导，他们的前沿思想和宝贵经验是本书得以完成的重要保证。同时，我们也要感谢那些勇于尝试、乐于分享的学生，正是他们真实的体验和反馈，让我们的理念和方法得以进行有效的检验和完善。我们也要感谢每一位关注和支持小学科学教育创新的读者，是您的理解和参与，让这种教育教学模式得以推广和发展。

我们期待本书能够成为推动小学科学教育创新的一份力量。我们希望通过书中的分享，能够激发更多教师和家长的兴趣和热情，让跨学科项目式学习教育理念在更广阔的天地里生根发芽。我们相信，每一个孩子都有无限的潜能，只要给予适当的引导和足够的空间，他们就能够成长为具有创新精神和实践能力的未来人才。

让我们一起翻开这本《"科学教育+"小学跨学科项目式学习实践录》，携手开启一段充满探索和发现的科学之旅。在这次旅程中，我们将与孩子一起成长，一起面对未来的挑战。

再次感谢您的支持与陪伴，让我们共同期待孩子在科学的世界里绽放光彩。

张硕司

2024年8月1日于华南师大附小

目录
CONTENTS

序

上 篇　　**理论篇**

下篇 实践篇

后记

上篇

理论篇

一、基于国家教育政策的思考

（一）《义务教育科学课程标准（2022年版）》的要求及启示

教育部颁布的《义务教育科学课程标准（2022年版）》（以下简称"新科学课标"）明确了科学课程要培养学生的核心素养，主要指"学生在学习科学课程的过程中，逐步形成的适应个人终身发展和社会发展所需要的正确价值观念、必备品格和关键能力，是科学课程育人价值的集中体现，包括科学观念、科学思维、探究实践、态度责任等方面。"[1] 同时，也向科学教师提出了四点课程实施的教学建议：（1）基于核心素养确定教学目标；（2）围绕核心概念组织教学内容；（3）以学生为主体进行教学设计；（4）以探究实践为主要方式开展教学活动。

新科学课标指引着前沿的教学理念，给科学教师开展教育教学活动带来更大的挑战，科学课的教学设计要指向培养核心素养，要比以前更注重培养学生的动手实践能力和自主创造能力。核心素养中的"探究实践"包括科学探究能力、技术与工程实践能力及自主学习能力三个方面。因此，教师在引导学生学习学科核心概念时，要强调"做中学"和"学中思"，培养学生的科学探究能力；在探究实践时，要强调技术与工程问题的规范性，让学生通过"动手做"解决问题，培养学生的技术与工程实践能力。教师还可以整合启发式、探究式、互动式、体验式和项目式等教学方式，开展能够引发学生积极思考的科学探究、技术与工程实践活动，并在活动过程中培养学生的自主学习能力。[2]

科学课程设置了13个学科核心概念，"技术、工程与社会""工程设计与物化"是其中两个，说明了技术与工程部分的学习在科学课程中的重要性。但在实践过程中，技术与工程的活动不是独立的，而是与学生所学的科学知识相关联的。学生要利用科学知识指导技术与工程活动中的设计，技术与工程的实践成果（作品）可以成为探究科学知识的工具或模型，两者是相辅相成的。因此，我们认为科学教师可以根据教材内容开发项目式学习课程，将科学知识探究和技术与工程实践统筹起来。

另外，新科学课标要求通过对学科核心概念的学习实现对跨学科概念的学习，强调基于学生已有知识经验和认知水平，综合利用学科核心概念和跨学科概念，通过跨学科综合实践，解决真实情境中的技术与工程问题。

因此，上述新科学课标的相关要求启示我们广大科学教育工作者：在开发设计跨学科项目式学习案例时，需要创设真实的情境，让学生运用跨学科的知识与技能解决实际问题。在进行跨学科项目式学习中的跨学科设计时，不仅可以将科学的四大领域（物质科学、生命科学、地球与宇宙科学、技术与工程）的知识融入其中，也可以将数学、语文、艺术等学科的知识与技能融入其中。

参考文献：

[1] 中华人民共和国教育部. 义务教育科学课程标准：2022 年版 [M]. 北京：北京师范大学出版社，2022.

[2] 胡卫平. 在探究实践中培育科学素养——义务教育科学课程标准（2022 年版）解读 [J]. 基础教育课程，2022(10):39-45.

（二）2023年教育部等十八部门联合发布《意见》的启示

2023年5月17日，教育部等十八部门联合发布《教育部等十八部门关于加强新时代中小学科学教育工作的意见》（教监管〔2023〕2号）（以下简称《意见》）。《意见》深入贯彻习近平总书记在二十届中共中央政治局第三次集体学习时关于科学教育的重要讲话精神。

作为我国全面部署新时代中小学科学教育的专门文件，《意见》从课程教材、实验教学、师资培养、实践活动、条件保障等方面强化了顶层设计。在学校层面应当如何培养学生的科学素养和创新能力？我们可以从《意见》中得到很多启示，如《意见》的第二部分内容"改进学校教学与服务"提供了多个实施路径和建议："请进来""走出去"双向互动开展实践活动；将科学教育作为课后服务最基本的、必备的项目，健全第三方机构进校园机制，统筹利用社会优质科学教育资源；加强科学师资队伍建设，探索建立科学类课程教师多元评价机制，等等。[1]

扎根在教学一线的科学教师，应更多地思考如何在科学课堂上做好教学的加法。《意见》中的这两句话对科学教师开展教学活动有很大的启示："实施启发式、探究式教学，提升作业设计水平，培养学生深度思维。探索项目式、跨学科学习，提升学生解决问题能力。""各地要按照课程标准，开展实验和探究实践活动，落实跨学科主题学习原则上应不少于10%的教学要求。"

因此，在小学科学教学中，采用跨学科项目式学习的教育教学模式来提升教学质量是值得探索的。跨学科项目式学习能够将不同学科的知识整合在一起，帮助学生看到学科之间的联系，形成更加全面的认识和理解，有助于学生进行深度思考，建立更全面的知识体系。而且，通过围绕真实世界的问题进行学习，学生能够将理论知识应用到实际情境中，提高解决实际问题的能力，增强探究实践的技能。在跨学科项目式学习中，学生不仅需要使用学科知识，还需要运用批判性思维、创造力、沟通合作能力等。这些素养对于学生未来的学习和生活至关重要。我们可以这样认为，跨学科项目式学习可以提供一个更加广阔、互联的实践学习平台，在多个维度上提升学生的知识储备和实践能力。所以，它比传统的科学课程学习更具优势，更能激发学生的学习兴趣、培养学生的综合素养，的确是为科学教育教学做了加法。

参考文献：

[1] 教育部，中央宣传部，中国网信办，等. 教育部等十八部门关于加强新时代中小学科学教育工作的意见：教监管〔2023〕2号[A/OL].（2023-05-17）[2024-03-01]. http://www.moe.gov.cn/srcsite/A29/202305/t20230529_1061838.html.

二、基于文献学习的思考

（一）项目式学习在小学科学教学中的应用

项目式学习在我国教育领域应用已久，但直到近年来基础教育教学改革才被更多中小学一线教师深入了解并广泛应用。2024 年 2 月在中国知网搜索篇名"项目式学习"，共找到 4133 条结果，其中发表时间最早的文章是 2003 年王海澜的《论作为学科学习框架的项目式学习》，被引量居前二的分别是 2017 年胡红杏的《项目式学习：培养学生核心素养的课堂教学活动》和 2016 年张文兰等人的《网络环境下基于课程重构理念的项目式学习设计与实践研究》。

王海澜认为，项目式学习是一种核心的教学策略及发展学生高级能力的学习方式。在学科的逻辑结构没有改变的情况下，进行学科知识的项目式学习是非常必要且可行的。王海澜分析指出，学科课程能否改造成项目式课程，取决于能否解决以下问题：其一，如何保证学习的效率和效果？其二，是不是对所有的学科及其内容都可以采取项目式学习的方式来学习？她认为上述两个问题最理想的解决方式是进行学科课程内容和结构的改革，以项目或问题来组织教学内容，代替以知识的逻辑结构来组织教学内容的方式。而学科课程的改革是一个系统的、耗时巨大的工程，不可能在一朝一夕完成。所以，在传统的教学任务和课程结构尚没有作出相应变革的前提下，需要我们对学科知识进行重组。当然，这对教师的革新精神和综合能力提出了更大的挑战。[1]

胡红杏认为，在常规课堂教学中开展项目式学习的价值在于整合教材内容，围绕具有挑战性的学习主题，提出问题，并全身心投入，深度参与探究，从而体验成功、获得发展，最终达到提高学生核心素养和能力的效果。[2] 张文兰等通过实践研究总结了对国家课程进行项目式重构具有以下两个方面的价值与意义：（1）弥补现有课程内容设计的不足，使其更适用于项目式学习。项目式课程基于真实的问题，打破章节限制，对现有课程内容进行重构，将原本孤立、分散的知识点整合在一个项目中。项目来源于实际生活中的真实问题，通过恰当的情境创设，在实际运用中促进学生对课程知识的内化与迁移。（2）有助于建立学科之间的联系，培养多元能力。[3] 项目式课程需要学生调动丰富的知识储备，积极应用跨学科知识来完成项目活动。在此过程中，学生以合作学习的形式积极探究，其综合思维得到发展，同时提升了其适应信息时代生活所必需的多元能力。

小学科学课程也面临着这样的问题：教材是以分单元、分课时的形式组织教学内容的，课程内容中各知识单元之间缺乏联系，以零碎、孤立的方式呈现，且与实际生活的联系不够紧密。现在，越来越多富有创新精神且有能力的教师开始进行教学实践研究，尝试重构教材内容，将教学活动设计成项目式学习课程来实施。近几年，也有不少研究生的学位论文是关于研究如何在小学科学课堂实施项目式学习的，如刘晓卉、王佳慧、杨雪怡等人的学位论文。从这些研究中，我们也能知道一些关于在小学科学教学中开展项目式学习的思考和价值。

刘晓卉在《基于项目式学习的小学科学教学设计与实践研究》中根据科学学科和所授内容的特点，将项目式学习分为六个步骤：确定项目、制订方案、活动探究、制作作品、迭代完善、项目评价。选择教材中合适的内容进行重构，开展了"小杆秤的设计与制作""我是桥梁建筑师""做一顶帽子"三个项目的教学实践和教学反思。通过对课堂情况的观察和教学效果的分析发现，项目式学习有利于提高学生的主体意识，有利于培养学生综合运用知识解决问题的能力，有利于培养学生的核心素养。[4]

王佳慧在《基于项目式学习的小学科学案例设计与实践研究》中立足于大单元的小学科学项目式学习实践研究，用苏教版小学科学五年级上册第二单元《热传递》、第四单元《水在自然界的循环》教材内容设计、实施约一个半月的项目式学习。实践结果表明：在实施的过程中能够明显发现学生的动手能力、讨论交流能力有所提升，项目式学习丰富了学生的实践经验。学生对这类项目式学习有非常高的积极性，在课堂上讨论产品时涉及了工程思维、科学探究等教师意想不到的内容。以上结果说明开展项目式学习能够促进学生提升科学素养。[5]

杨雪怡在《小学科学项目式学习教学设计与实践研究》中经过"小小音乐会""菌菇包培育""抛石机投篮"三个项目的开发设计及教学实践后，综合量化及质性两个方面的分析，得出研究结论：项目式学习对提升学生的科学素养起到正面影响，学生的科学能力、学习兴趣等均得到不同程度的提高；学生学习自主性得到充分发挥，学生学习深度得到加强，课堂效率得到提升；开展项目式学习利于新手教师熟悉教学，有效增强了师生交流互动，促进学生全面发展；在小学科学教学项目开发中要注意操作难度适宜，以制作材料常见、易得为佳，以竞技比赛作为评价方式的项目更受学生喜爱，可以有效提高课堂效率。[6]

从以上研究可以看到，在小学科学教学中运用项目式学习，不仅激发了学生对科学探索的热情，也培养了他们的创新思维、解决问题的能力及团队合作精神。通过这种教学模式，重构教材内容，将教学活动设计成项目开展学习，学生能够将理论知识与实际问题结合起来，更深刻地理解科学知识的原理及其在现实世界中的应用。项目式学习的跨学科融合特性，使学生能更全面地思考问题，为未来面对各种挑战打下坚实的基础。此外，它还促进了教师教学方式的创新，增强了课堂互动性和增加了实践操作的机会，让教育过程更加有趣，效果更佳。

综上所述，项目式学习在小学科学教学中的应用优势显著，它为学生提供了一个全面、深入和个性化的学习环境，是培养学生综合素质和创新能力的重要途径，值得在小学科学教育中大力推广和实施。

值得指出的是，2024年1月，由中华人民共和国教育部主管、人民教育出版社主办的《中小学科学教育》正式创刊，成为专门研究科学教育的重要期刊。在该刊的第一期中，教育部副部长王嘉毅在《开辟新时代中小学科学教育新赛道》中建议："创新教学方式方法，基于科学教育的独特属性，深化教学改革，实施启发式、探究式教学，探索项目式、跨学科学习。"[7]上述建议为本书研究实践的开展与推广指明了方向。

参考文献：

[1] 王海澜. 论作为学科学习框架的项目式学习 [J]. 教育科学, 2003(5):30-33.

[2] 胡红杏. 项目式学习：培养学生核心素养的课堂教学活动 [J]. 兰州大学学报（社会科学版）, 2017, 45(6):165-172.

[3] 张文兰, 张思琦, 林君芬, 等. 网络环境下基于课程重构理念的项目式学习设计与实践研究 [J]. 电化教育研究, 2016, 37(2):38-45, 53.

[4] 刘晓卉. 基于项目式学习的小学科学教学设计与实践研究 [D]. 桂林：广西师范大学, 2020.

[5] 王佳慧. 基于项目式学习的小学科学案例设计与实践研究 [D]. 漳州：闽南师范大学, 2022.

[6] 杨雪怡. 小学科学项目式学习教学设计与实践研究 [D]. 桂林：广西师范大学, 2022.

[7] 王嘉毅. 开辟新时代中小学科学教育新赛道 [J]. 中小学科学教育, 2024(1):5-9.

（二）在"双减"中做好科学教育加法

2023 年，习近平总书记在中共中央政治局第三次集体学习时指出："要在教育'双减'中做好科学教育加法，激发青少年好奇心、想象力、探求欲，培育具备科学家潜质、愿意献身科学研究事业的青少年群体。"由此反思我们的课堂教学，只注重知识传授的传统科学教育已不能满足信息化时代的要求，现在更重要的是培养学生运用知识解决问题的能力。那么，在中小学阶段应该怎样加强普及科学知识和培育科学精神？传统的科学课应该如何转向更具包容性和延展力的科学教育？科学教育的加法应该加在哪里？怎么加？这些是关键问题，也是急需科学教育工作者深入思考的问题。

2023 年，郑永春在《做好科学教育加法的着力点》中提出了六点建议：（1）增加教学课时；（2）改变评价方式；（3）加强师资建设；（4）转变教学方式；（5）加强资源保障；（6）浓厚校园文化。[1]同年，陆鹤鸣发文提出，科学的"加法"是：（1）建立科学思维，让学生像科学家一样思考；（2）提升科学素养，让教师更加专业化；（3）拓展科学空间，利用好校外这所大讲堂。[2]从他们的观点中，我们知道了科学教师应该改变传统的教学方式，注重开展实践活动。要引导学生像科学家一样提出问题、探索问题、解答问题，从而建立科学思维。要引导学生对身边的真实资源进行开发、探索，让学生在真实生活中认知科学，让学生在实践过程中思考、探究，甚至发明，从而提升科学素养。

2023 年，郑永和等人发文报道了其对科学教育的本质内涵、核心问题与路径方法的研究。他们认为在科学教育改革创新的大环境下，科学教育的落脚点实现了跨越与转向，以科学素养为导向的高阶思维培养成为当代科学教育的主流目标，同时也成为实现科学教育目标的关键方法。他们强调推进基于跨学科实践与合作式问题解决的教学模式创新。[3]同年，郑永和等人在《全面落实做好科学教育加法　构建大科学教育新格局》中总结科学教育的"学—教—师—资—评—研"各要素必须协同部署。其中提到，在学习内容方面，要注重健全科学教育的课程教材体系，凸显学生核心素养的培养。同时，要从跨学科学习的角度拓展科学教育的内容，统筹规划工程教育与科学教育。在教学方式上，应深化学校教学改革，以项目式实践活动为依托，融入跨学科学习，倡导探究式、启发式教学。[4]

2024 年，苏洵等人在《在科学教育加法中统筹规划高质量中小学工程教育》一文中总结了统筹规划高质量中小学工程教育的价值意蕴：（1）契合国家优质科技创新人才培养的发展逻辑；（2）顺应提升公民工程与技术素养要求的现实逻辑；（3）凸显工程教育独特育人价值的学科逻辑。他们认为，"在科学教育加法中统筹规划高质量中小学工程教育，可以通过工程设计实践，为学生提供科学学习的真实问题情境，重在培养全体中小学生的工程与技术素养，发挥工程学在 STEM［STEM 是科学（Science）、技术（Technology）、工程（Engineering）、数学（Mathematics）四门学科英文首字母的缩写，是科学、技术、工程和数学教育的总称。］教育中的学科整合作用。"[5] 而 2017 年版和 2022 年版的科学课程标准都强调"技术与工程"在科学教学中的重要性，为一线教师在科学课堂上开展该领域知识的学习和活动的实践做了顶层设计。所以，相比传统的科学教学，技术与工程方面的实践是为科学教育做了加法，更具创新性和延展力。

基于以上文献的研究思考可以看到，要在"双减"中做好科学教育加法，科学教师应当主动创新教学方式，开展跨学科项目式学习，并在项目中注重技术与工程方面的实践操作，有效统筹规划工程教育与科学教育，培养学生的科学高阶思维。

参考文献：

[1] 郑永春. 做好科学教育加法的着力点 [J]. 湖北教育（科学课），2023(4):6.

[2] 陆鹤鸣. 科学的"加法"是什么 [J]. 黑龙江教育（教育与教学），2023(11):1.

[3] 郑永和，周丹华，王晶莹. 科学教育的本质内涵、核心问题与路径方法 [J]. 中国远程教育，2023, 43(9):1-9, 27.

[4] 郑永和，苏洵，谢涌，等. 全面落实做好科学教育加法 构建大科学教育新格局 [J]. 人民教育，2023(19):12-16.

[5] 苏洵，余舒雯，郑永和. 在科学教育加法中统筹规划高质量中小学工程教育 [J]. 现代教育技术，2024, 34(1):35-43.

三、基于科学组实践积累的思考

（一）华南师大附小科学组的发展历程

回顾我校科学组近二十年的发展历程，仿佛重温了一部激动人心的成长电影。两代科学教师对科学教育怀有无尽热情，从一开始"摸着石头过河"，到获得各种荣誉，再到登上讲台向同行们分享实践成果，我校科学教师们在孜孜不倦的探索中推动着科学组一路向前，促进着科学组发展壮大，科学组的发展离不开科学教师们的支持。

2003—2015年，我校科学组有吴向东、王继华等教师，他们在小学科学学科还不是那么被重视的时候为华南师大附小的科学教育打下了坚实基础。在学校大力支持下，科学组主持建设了专业的科学实验室、专用仪器室，甚至有一间配置了计算机的多功能室，腾飞楼楼顶活动空间也可供日常使用。科学教师们利用这些资源，带领学生开展了丰富多彩的活动，如开展使用天文望远镜观星观月，亲自种植植物并观察植物生长的情况，自制小乐器、动力小车等创意教学。吴向东老师在探索实践中找规律，提炼成果，提出了鸢尾花（IRIS）数字化探索模式和情境导向的科学课程设计模型，著述《质变与重构——信息

左：《数字时代的科学教育——鸢尾花（IRIS）数字化探究之旅》（2012年）
右：2014年吴向东老师和张硕司老师在学校楼顶开展植物种植观察活动

时代的科学教育探索》（2005 年）、《数字时代的科学教育——鸢尾花〔IRIS〕数字化探究之旅》（2012 年）。这些成果的积累为后期我校科学教育发展奠定了基础，也指引了教学创新的方向。

2014 年，张硕司老师入职我校，为科学组带来了新的活力。经过吴向东老师一年的言传身教，幸运的张老师知道了一名优秀的教师应该是怎样的，这促使她一直努力学习前沿的科学教育理念，不断调整教学策略，保持积极进取的心态。后来，张硕司老师荣获第二届广东省中小学青年教师教学能力大赛一等奖、2022 年教育部"基础教育精品课"部级优课、第 31 届广东省青少年科技创新大赛科技辅导员项目一等奖等奖项和荣誉。张老师还主持广东省首批 STEM 课题"小学 STEM 课程体系构建与模式研究"、广州市教育科学规划重点课题"人工智能环境下'科学教育 +'探究式学习模式的构建与实施"等课题研究。其研究成果获得多个国家级、省级竞赛奖项，如第一届中小学 STEM 优秀案例一等奖、广东省中小学（幼儿园）项目式学习案例征集活动"一等次"优秀案例。她的努力在潜移默化中影响他人，引领着整个科学组积极向上、不断进取。

近几年，叶国辉、杨林川、谭健等几位教师陆续入职我校，年轻的教师们有冲劲、有精力、有想法，往往有很多让人意想不到的小创新，让我校科学课程教学、科学兴趣小组项目等得到迅速

上：2018 年华南师大附小获批广东省 STEM 教育实践研究课题学校
下：2024 年华南师大附小科学教育研究团队合照

全国中小学科学教育实验校

中华人民共和国教育部

上：2023 年华南师大附小学生在华南师范大学生命科学学院进行研学活动
下：2024 年华南师大附小成功入选首批全国中小学科学教育实验校

且全面的发展，还在科技竞赛中屡获佳绩。科学教师们在广东省中小学实验教学说课活动、广东省优秀自制教具评选活动、广东省中小学实验精品课遴选活动等竞赛中都取得了一等奖的成绩。此外，在我校科学组的指导下，学生们也在各级各项科技竞赛中充分发挥自己的能力，荣获佳绩。这些荣誉是对我校科学组工作的肯定，体现了科学组优秀的教育理念、教学方法、教学技能。

现在的科学组也加强了与外部单位的合作，如与广州各实验室、华南师范大学各大学院的合作，为我校科学教育做加法。科学组既会邀请从事科学事业的专家或学者到校给学生做科普讲座，也会组织学生外出参加各种研学活动，以期拓宽学生的视野，在潜移默化中，培育学生对科学研究的兴趣；在实践探索中，培养具备科学家素养的学生。

2024 年 2 月 19 日，教育部公布首批全国中小学科学教育实验校，我校成功入选，这是对我校科学教育工作的认可，也是科学组今后发展的动力。展望未来，我校科学组将积极贯彻教育部等十八部门联合发布的《教育部等十八部门关于加强新时代中小学科学教育工作的意见》（教监管〔2023〕2 号）文件精神，统筹各方力量，做好跨学科项目式学习顶层设计与一线教育教学实践，深入贯彻习近平总书记"要在教育'双减'中做好科学教育加法"的重要指示，激发学生对科学研究的兴趣，提高学生的核心素养，为学生的未来学习和生活奠定坚实的基础。

（二）华南师大附小科学组十年探索概述

2015—2024 年，是华南师大附小科学组在探索中不断创新的十年。科学教师们时刻关注国家的教育政策，学习前沿的教育理念，接受先进有效的教学方式，在教育发展潮流中始终站在前列。

2015 年 1 月，李克强总理考察柴火创客空间时曾评价："创客充分展示了大众创业、万众创新的活力。"并于 3 月全国两会将"创客"写入政府工作报告。正是从那个时候起，我校科学组勇于创新，开始尝试将"创客"融入小学科学教育中，让学生亲自动手实现自己的想法。这些小创客的作品还在广东省青少年科技创新大赛中荣获了奖项。同年 5 月，吴向东老师带领王继华老师、张硕司老师参加了广东省第一届创客教育论坛，并在论坛上展示了我校鸢尾花创客班的实践成果，受到参与者的好评。

创客之风吹到了基础教育，而 STEM 教育浪潮也悄然到来。创客教育与 STEM 教育哪个更适合融入基础教育中？经过我校科学组教师的对比研究，认为 STEM 教育的理念更有助于小学科学教育。多个国家的经验证明，STEM 教育是一种培养创新人才的有效途径，它的教学活动设计特点有：跨学科整合，在真实情境下从活动中学习，基于问题学习，基于项目学习，合作解决问题，学习者在探究中自主建构知识。2015 年，张硕司老师将电路与艺术相结合，设计并实施了我校第一个 STEM 案例《LED 电路创意设计》，该案例获得了第

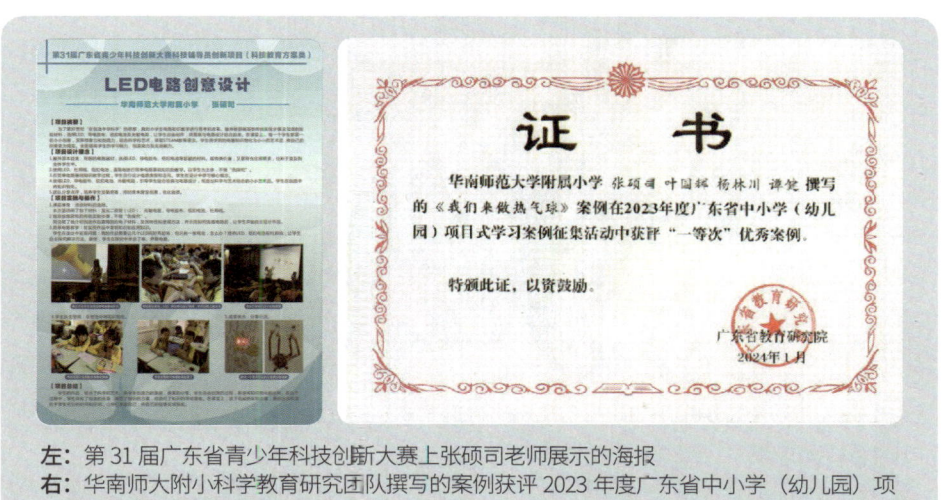

左：第 31 届广东省青少年科技创新大赛上张硕司老师展示的海报

右：华南师大附小科学教育研究团队撰写的案例获评 2023 年度广东省中小学（幼儿园）项目式学习案例征集活动"一等次"优秀案例

31 届广东省青少年科技创新大赛科技辅导员创新成果竞赛项目一等奖（2016年）。后来，我校科学组陆续开发了多个 STEM 案例，如《设计制作小赛车》《探秘保温箱》《我们来做热气球》。这些 STEM 案例在教育部门各级比赛中均荣获佳绩，说明了它们是具有一定的创新性、前瞻性和参考价值的。

2018 年，张硕司老师主持申报了第一批广东省 STEM 课题，课题为"小学 STEM 课程体系构建与模式研究"（2018GDSTEM003），我校挂牌"广东省 STEM 教育实践研究课题学校"。该课题在 2021 年结题，研究成果被评为"优秀"。这个研究的主要任务是构建小学 STEM-创新教育课程，该课程属于拓展性课程、技术与学习深度融合课程，是"以传统课程为基础-培养学生创新思维-训练学生计算思维-开展基于创新教育的 STEM 项目学习"的四位一体课程。依托国家课程教材，升级教学目标、创新教学材料、重构教学活动，为国家课程赋能。课程的教学设计采用 5E 教学模式［吸引（Engagement）、探究（Exploration）、解释（Explanation）、迁移（Elaboration）和评价（Evaluation）］，在传统课程的基础上开发科学和艺术整合的创新思维训练课程、Micro:bit 技术与应用的计算思维训练课程、基于创新的 STEM 项目学习的科学探究课程及发明创造课程。构建"思维—探究—创新"三层级 STEM 创新教育课程体系，以此来提升学生的科学探究能力、工程思维、计算思维和创新思维。

左：2018—2021 年华南师大附小科学教师主持的广东省 STEM 课题"小学 STEM 课程体系构建与模式研究"获批优秀结题证书

右：2023 年，华南师大附小学生开展"我们来做热气球"跨学科项目式学习活动

2022 年，教育部发布了新的义务教育科学课程标准。2023 年，教育部等十八部门联合印发《教育部等一八部门关于加强新时代中小学科学教育工作的意见》（教监管〔2023〕2 号）。这些都给我校科学组近几年开展的创新教学提供了依据，让科学教师们更加有底气。在不改变教材教学内容的情况下，我校科学教师们将一个学期常规教学学时数调整至原来的 80％，利用余下的 20％的学时开展跨学科项目式科学探究实践活动。为了不影响课程常规教学，科学组设计开发的项目都是基于教材内容，根据实际教学需求自主开发的。或将整个单元内容重构整合之后进行项目式学习，或取教材一个单元中某一课或几课进行拓展性项目式学习。在项目式学习中，学生的学习目标非常明确，学习热情高涨。学生有了更大的展示空间，有更多发挥自己创意的机会，学会了用书本的知识来解决现实中的问题。他们的科学思维、动手实践能力都得到了很好的锻炼。这就是给常规课程赋能，给科学教育做加法。

2024 年，我校科学组的教学研究重点是构建人工智能环境下的小学科学探究式学习模式，开发相应的教学资源，提高学生在科学教育中的主动性和创造力。科学组的目标是开发并实施多种人工智能教学类型项目，包括智能化管理项目、虚拟仿真实验课、AR（Augmented Reality，增强现实）实验课、智能识别实验课、传感器实验课等。

经过十年的教学实践研究探索，我校科学组积累了丰富的经验和丰硕的研究成果。这些努力不仅提高了学生的学习兴趣和科学素养，也发展了学生的批判性思维和解决问题的能力。我校科学教师们将继续在科学教育的道路上深耕，通过持续的专业发展和学科研究，进一步完善教学策略，以适应不断变化的教育需求。

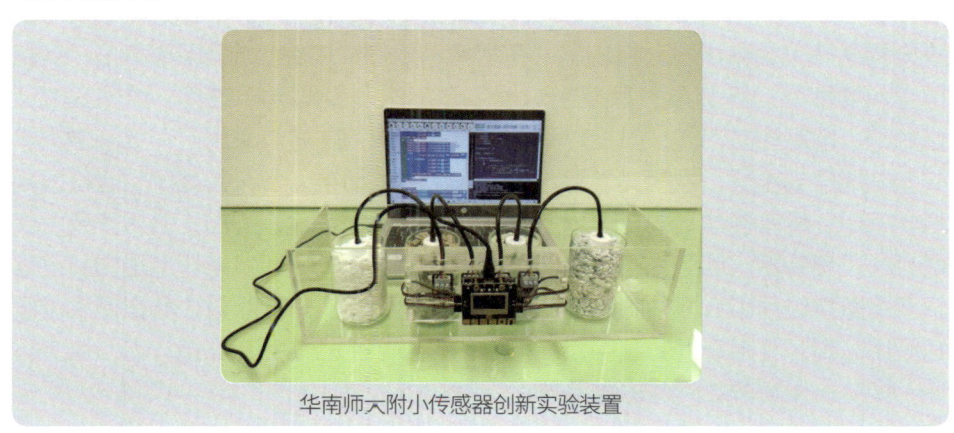

华南师大附小传感器创新实验装置

四、"科学教育 +"小学跨学科项目式学习的顶层设计

（一）核心概念界定

1. "科学教育 +"

《义务教育科学课程标准（2022 年版）》对"科学"的定义是，科学是人类在研究自然现象、发现自然规律的基础上形成的知识系统，以及获得这些知识系统的认识过程和在此过程中所利用的方法。[1]《教育大辞典》中的"科学教育"词条有两种释义：（1）以传播科学知识为目的的活动；（2）一种教育思潮。强调科学基础知识、基本概念和基本原理应在学校教育内容中占主导地位，把科学思维能力的培养贯穿于一切教育活动。[2]

中国科学院院士、中国科学院学部科普与教育主任杨玉良认为科学教育是以自然科学内容为主，发展个体及群体科学素养的教育教学活动。广义的科学教育覆盖学前教育至高等教育，以及继续教育阶段，既包括学校正式学习环境中的科学教育，也包括校外非正式学习环境（如家庭、工作场所、活动场所等）中的科学教育。狭义的科学教育主要指在中小学阶段实施的科学教育，重点在于激发学生的好奇心和对科学的兴趣，促使其学习探知世界的方法与技能，掌握基本的科学知识，理解和解释自然世界中的现象、变化及其影响，树立科学价值观，养成科学精神和科学思维习惯，为终身学习、发展和健康生活奠定基础。[3]

本书中的"科学教育 +"这一说法源自 2023 年习近平总书记在中共中央政治局第三次集体学习时指出的"在教育'双减'中给科学教育做加法"。指小学科学教师应在科学教育教学过程中做加法，重构教学内容、深化探究实践活动、创新教学方式，以提升科学教育的效果和质量。采用更有效的学习模式，如项目式学习、探究式学习，以促进学生主动学习、深入理解和迁移应用科学知识；将其他学科的知识或方法与科学教学相结合，如加入艺术改造、数据分析、传感器应用等内容，以培养学生的跨学科知识和技能应用能力。在这个教育教学过程中，教师不仅能使学生通过动手实践来加深对核心概念的理解和应用，提升工程设计思维与技能，还能培养学生的批判性思维，增强学生沟通、团队合作和解决问题的能力等。

2. 项目式学习

在《现代汉语词典》中，"项目"一词的解释为：事物分成的门类。[4] 而在教育领域中实施的"项目"既是过程又是结果，强调在整个项目中渗透学生学习的主动性、参与的实践性、解决问题的探究性。[5]

项目式学习起源于杜威的"从做中学"和克伯屈的"设计教学法"。在早期，项目式学习主要强调通过一个个项目来学习如何"做事"，后来项目式学习逐渐受到国内外教育研究者的关注，使得项目式学习在教育领域取得了很好的进展。

在长时间的探究实践中，国内外学者对项目式学习的内涵有各种不同的解释。美国巴克教育研究所对项目式学习内涵的阐述具有一定的代表性，即引导学生在探究复杂的真实问题、设计项目作品、规划和实施项目任务的过程中，掌握所需知识和技能的一种系统的教学方法。[6] 而我国夏雪梅从学习素养的视角出发，明确对项目式学习的界定：在一段时间内，学生围绕与学科或跨学科有关的驱动性问题展开深入、持续的探索，他们通过调动所学知识、能力、品格等有创造性地解决实际问题，形成并展示成果，从而形成对核心知识与探索历程的深度理解，在新的情境中进行迁移。这种解释更加关注学生对核心知识的学习，项目式学习最终指向知识的重构和综合素养的提升。[7]

综合以上分析，本研究团队认为"科学教育+"跨学科项目式学习是指利用其他多样化的技术与资源、创新的教学方式为科学教育教学做加法，在对国家课程小学科学教材内容进行项目式重构的基础上，围绕基于真实情境的驱动性问题，以跨学科知识和技能为载体，以项目作品为主要学习成果，以小组协作进行活动探究的一种学习模式。在这个过程中，学生能够掌握核心知识，发展必备品格和关键能力，在新的情境中能够进行学习的迁移和知识的再建构。

参考文献：

[1] 中华人民共和国教育部. 义务教育科学课程标准：2022 年版 [M]. 北京：北京师范大学出版社，2022.

[2] 顾明远. 教育大辞典：增订合编本 [M]. 上海：上海教育出版社，1998.

[3] 杨玉良. 构建中国特色世界水平的科学教育体系 [J]. 中国教育学刊，2022(10):1.

[4] 中国社会科学院语言研究所词典编辑室. 现代汉语词典 [M]. 7 版. 北京：商务印书馆，2016:1433.

[5] 普法伊费尔，傅小芳. 项目教学的理论与实践 [M]. 南京：江苏教育出版社，2007:4.

[6] 巴克教育研究所. 项目学习教师指南——21 世纪的中学教学法 [M]. 任伟，译. 北京：教育科学出版社，2008:4.

[7] 夏雪梅. 项目化学习设计：学习素养视角下的国际与本土实践 [M]. 北京：教育科学出版社，2018:10.

（二）"科学教育＋"小学跨学科项目式学习设计

本书中的"科学教育＋"跨学科项目式学习案例皆基于国家课程小学科学教材内容开发。依据新课标和国家教育政策文件要求与指引，本研究团队选择合适的教学主题，重构教材内容，深化教学活动，设计项目实践。在跨学科项目目式学习中注重科学探究和工程设计实践，意为小学科学教育教学做加法，培养学生的高阶思维。

"科学教育＋"小学跨学科项目式学习的活动流程设计的理论依据是由美国生物学课程研究会（Biological Science Curriculum Study，BSCS）提出的一种基于建构主义的探究式教学模式，即 5E 教学模式。BSCS 实证研究证明，相比传统的教学模式，5E 教学模式更有利于提高学生的学业成绩与学习兴趣。所以，5E 教学模式在科学教育领域中受到高度的关注与推广。

我校科学组教师们经过科学教育教学实践研究，总结实践经验，并结合我校学生进行跨学科项目式学习的实际情况，在 5E 教学模式的基础上制订了"科学教育＋"小学跨学科项目式学习活动流程，该活动流程设计有五个环节，分别是问题聚焦、科学探究、设计制作、创意拓展和评价反思。具体活动流程设计见下文。

问题聚焦环节，首先创设一个真实的大情境，提出项目探究的核心问题，激发学生的好奇心和学习热情。学习小组在理解核心问题之后要讨论确定本项目学习的实践成果目标，如要做一个什么样的作品。在本环节还要侧重跨学科阅读，需要准备主题相关的阅读材料及思考题等，考查学生是否理解阅读材料，引导学生交流。

科学探究环节，侧重四大科学领域知识的实践探究，具体探究内容由本项目涉及的科学知识点决定。在激趣导入中创设一个小情境引出要进行科学探究的问题，这些问题是后面做作品时会遇到的科学问题，如《热气球设计师》中的探究问题"热气球为什么会升空？"，然后设计实验让学生在实践探究中找到答案。最后对科学探究进行总结，引导学生谈论本次探究的收获，并拓展研讨该科学探究结论在本项目实践中的应用。

设计制作环节，侧重跨学科综合实践，重在培养学生的工程与技术素养。学生像工程师一样解决问题，将创意物化，以实物作品的形式呈现实践成果。在该环节首先引导学生分析现实生活中产品的材料、结构、功能等。在此认知基础上，教师与学生共同研讨出作品的评分标准。按照工程设计流程，学生先设计方案（选择材料、画设计图、预算成本），再物化设计（制作作品原型、进行原型测试），最后交流完善作品（小组间汇报交流、小组针对作品反思、完善定型作品）。

创意拓展环节，是对前面学习的进一步提升，侧重跨学科创意。可以让学生进行头脑风暴，思考如何进行知识迁移解决其他问题、如何改进作品使其有不同的功能等。在头脑风暴的基础上，小组选择其中一个创意或想法进行拓展设计，拓展创意只需画出设计图，不用做出实物作品。

评价反思环节，在最后这个环节侧重跨学科综合评价，学生回顾自己的学习过程表现进行自评，并做一份基础测验卷检验其对知识的掌握程度，再进行 PMIQ［P（plus）M（minus）I（interest）Q（questions）］反思（详见实践篇案例）。对学生的评价贯穿整个学习实践过程，包括口头上的互评、点评，纸质评价与建议，作品测试等。

学习环节　　　　　　　　　　　　　　　跨学科学习侧重点

问题聚焦
- 情境问题
- 确定目标
- 阅读研讨 ⟶ 侧重跨学科阅读

科学探究
- 激趣导入
- 实验探索
- 总结研讨
  - 探究总结
  - 拓展研讨 ⟶ 侧重四大科学领域知识的实践探究

"科学教育+" 小学跨学科项目目式学习活动

设计制作
- 分析产品
  - 材料
  - 结构
  - 功能
- 共研标准
- 设计方案
  - 选择材料
  - 画设计图
  - 预算成本 ⟶ 侧重跨学科综合实践
- 物化设计
  - 制作原型
  - 原型测试
- 交流完善
  - 汇报交流
  - 作品反思
  - 定型作品

创意拓展
- 头脑风暴
- 拓展设计 ⟶ 侧重跨学科创意

评价反思
- 项目自评
- 基础测验
- PMIQ反思 ⟶ 侧重跨学科综合评价

"科学教育 +" 小学跨学科项目目式学习活动流程

下篇

实践篇

把秋天装进相框里

📖 项目简介

在秋天的脚步临近之际，以学生到树林中寻找秋天的美丽景色为情境，开展一次富有创意的跨学科项目式学习：把秋天装进相框里。该项目通过探索、实践和创作，让学生亲身感受秋天的魅力，并将其定格在自己创作的相框作品中。

👤 跨学科学习目标

科学目标	工程目标	技术目标	数学目标
观察秋天自然界的变化，如叶子凋落、树上结出果实等；学习基本的观察方法，如用人体各感官感知秋天自然界的细节。	能够设计制作秋天相框作品并展示，尝试通过观察发现作品中存在的问题并提出改进方案。	学习使用简单的工具（如剪刀、胶水、画笔等）来制作相框；探索使用不同的材料（如纸张、彩带和珠子等）来装饰相框。	了解测量中基本的数学概念，如长度、宽度和高度；能够通过比较，确定相框与照片的大小匹配程度。

艺术目标	语言目标	人文目标
学习基本的勾勒和涂色技巧，如画出表示秋天景观或事物的颜色和简单形状；能够尝试用贴纸、剪纸等材料装饰自己的相框作品。	学会用简单的词语描述秋天的景物。	学习分享和展示自己的作品，培养良好的社交技能；通过项目活动增强对季节变化的认识。

⊕ 驱动问题

项目核心驱动问题：

如何融合艺术和科学，并用创意方式，将秋日美景定格？

本项目共分五个环节进行，每个环节的问题如下：

环节	问题
问题聚焦	如何在相框里表达和展示秋天的美丽？
科学探究	1. 仔细观察叶子，思考：叶子有什么特点？ 2. 如何根据目标长度裁取物体？
设计制作	1. 设计制作一个展示秋色的相框，可以选择什么样的形状？可以使用哪些材料和装饰物品？ 2. 在相框里放什么内容？如何布局？
创意拓展	除了相框，还有哪些创意方式可以将秋天的美丽呈现出来？
评价反思	1. 自制的相框作品是否成功地展示了秋天的美？为什么？ 2. 我在整个项目过程中，学到了哪些关于秋天的知识？掌握了哪些方面的技巧？

 活动过程

【问题聚焦】

一 情境问题

（一）创设真实情境

秋天是一个神奇的魔术师，把大地变成了五彩斑斓的画布。在这个美好的季节里，一年级的小朋友们在老师的带领下，来到一片美丽的树林。

当他们踏入树林时，一阵清爽的秋风迎面吹来，树叶沙沙作响。小朋友们兴奋地笑着，眼前的景象让他们惊叹不已。枝头的树叶染上了金黄色、红色和橙色，地面上也铺满了五颜六色的落叶。秋天的气息弥漫在空气中，仿佛在拥抱小朋友们。在树林里，小朋友们手里握着落叶和果实，忘记了时间。他们沉浸在秋天的氛围中，与大自然的亲密接触让他们感觉自己好像变成了秋天的朋友。

美丽的景色总是容易转瞬即逝，我们需要将自然界中秋天的美丽定格，并制作出属于自己的相框，将秋天的景物永久地装在里面。

相框将成为我们留存秋天景物的方式，每当我们看着相框，就能回忆起秋天的美丽。

（二）提出问题

如何在相框里表达和展示秋天的美丽？

二 确定目标

进行小组讨论，确定小组制作的秋色相框作品要达到的目标形态，画一画并说一说。

目标计划表

小组名称	
小组成员	

我们的目标

（温馨提示：可以从如何设计并制作相框、用什么物品代表秋天、如何布局来表现秋天景物的美丽、如何保持相框画面的和谐与平衡等角度来确定目标。）

三 阅读研讨

材料一：

神奇的叶子

会变色的叶子：温带地区的阔叶树种，例如枫树，在经历霜降之后，其叶子会由绿色转变为鲜艳的红色。这是由于随着天气逐渐寒冷，叶子中的叶绿素逐渐分解，而原先隐藏在叶子中的花青素逐渐显现，从而改变了叶子的颜色。在我国，枫叶并不罕见，因其美丽的色彩而备受人们的喜爱。在某些国家，如日本，枫叶不仅具有观赏价值，还被用作食材，其中油炸枫叶更是日本的一道知名小吃。

能消炎抗菌的叶子：芦荟的叶子具备消炎抗菌的功效，并且能够有效地美白和护理皮肤。在当前的护肤品市场中，许多产品都含有芦荟的成分，证明了其在实际应用中的有效性。此外，有研究显示，部分品种的芦荟叶子还可食用，但其安全性和食用方法仍需进一步研究和验证。

会"害羞"的叶子：含羞草的叶子具有独特感应性，当遭遇外界触碰时，会迅速闭合，因其闭合动作被解读为"害羞"，人们称之为"含羞草""知羞草""怕丑草"。含羞草的花的形态似绒球，花开后结出扁球形果实，与槐花相似。含羞草在受到刺激时，羽片和小叶会闭合并下垂，其开合速度可用来预测天气变化。

材料二：

"测量"的历史

很久很久以前，人们还没有发明测量工具，只能去猜测物体的长度和重量。但你猜我猜大家猜，结果都不一样。这可怎么办呢？于是，聪明的人类开始想办法，发明了各种奇妙的测量工具，让测量变得更准确、更统一啦！

测量工具的历史悠久，最早的测量工具之一便是尺子。在我国古代，尺子的制作材料主要是竹子或木头，上面刻有刻度，用以测量物体的长度。随着科技的进步，现代的尺子多采用金属材质，这不仅提高了测量的精度，还增强了尺子的耐用性。

在测量过程中，为了标准化测量结果，人类发明了计量单位。计量单位作为表示测量结果的标准，为各种物理量的测量提供了统一的尺度。例如，在长度测量中，我们采用厘米、米、千米等单位；在重量测量中，则采用克、千克、吨等单位。这些计量单位极大地便利了人们的交流和测量结果的对比分析。

小组研讨，回答下面的问题并完成填空。

1. 说一说：材料一中的叶子有什么"神奇"之处？

2. 最早的测量工具之一是_____，它是由竹子或木头制成的，上面标有刻度，可以用来测量物体的长度。

【科学探究】

一 激趣导入

（一）展示照片

教师向学生展示一份《秋天通知书》或装饰有秋天元素的信件。打开信封，把里面的树叶、果实的照片取出来，却发现照片中树叶、果实的大小与其真实大小不符。

（二）提出科学探究问题

❶ 仔细观察叶子，思考：它们有什么特点？

❷ 如何选择合适的测量工具测量叶子的长度？

二　实验探索

（一）探索一　观察叶子

❶ 思考并作出假设：每片叶子都有相同的结构吗？

❷ 设计实验。

材料：银杏树叶、枫树叶、桑树叶、柳树叶。

实验过程：

（1）眼睛看，比较各片树叶的颜色、大小、形状。

（2）鼻子闻，比较各片树叶的气味。

（3）手触摸，比较各片树叶的厚度、硬度等。

❸ 按要求做实验，填写实验记录单。

实验记录单

特征	银杏树叶	枫树叶	桑树叶	柳树叶
颜色				
形状 （画出来）				
大小				
长短				
相同点				

【备注】

比较不同树叶的大小、长短，用数字排序（如最大为"1"，最小为"4"）并将序号填到实验记录单上。

❹ 研讨解释。

根据探索一的结果，说一说不同植物的叶子之间的相同点和不同点。

（二）探索二　选择合适的测量工具进行测量

❶ 思考并作出假设：在不同的测量任务中，如何选择适合的测量工具？如何确保测量数据的准确性？

❷ 设计实验。

（1）了解不同的测量任务，如测量相框（16∶9、4∶3）的长度和宽度、测量纸板的宽度、圆形玻璃杯的底部周长等。

 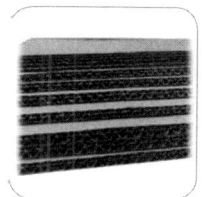 

（2）根据实际测量需求，选择并使用合适的测量工具进行测量。

❸ 按要求做实验，填写实验记录单。

测量对象	相框长度	纸板宽度	杯底周长
测量工具			
测量结果	_____厘米	_____厘米	_____厘米

❹ 研讨解释。

根据探索二的收获，说一说测量过程中有哪些注意事项。

三 总结研讨

（一）探究总结

通过科学探究，我们知道

1. 叶子具有相同的结构，但又存在形状、大小、颜色等方面的差异。

2. 测量的注意事项：

①测量前，尺子紧贴物体的边缘。

②测量中，注意起点和终点的位置。

③测量后，正确读数并及时记录。

（二）拓展研讨

1 想一想：除了叶子，还有哪些物品是秋天的象征？

2 能根据相框大小，裁剪出材料的目标长度吗？

【设计制作】

一 分析产品

观看现实中的艺术相框，分析相框的组成部分及各部分的功能，了解相框各部分的主要制作材料。

写出相框各部分的名称，并说一说它们的功能及其制作材料。

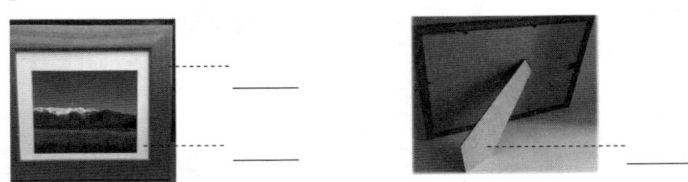

用对应字母填空：A. 边框框架；B. 背板；C. 支架

二 共研标准

教师与学生一起讨论并确定相框作品的评价指标。以"美观程度、制作技巧、细节处理、主题表达"为评价指标制订学生自制相框作品评分表。

学生自制相框作品评分表

评价指标	指标含义	评分依据	分值	得分
美观程度	作品的外观设计和色彩搭配水平	设计不美观，色彩搭配不协调，布局混乱	0~10	
		设计一般，色彩搭配一般，布局有待改进	11~15	
		设计非常美观，色彩搭配和谐，布局合理	16~25	

（续表）

评价指标	指标含义	评分依据	分值	得分
制作技巧	制作过程中对材料和工具的运用能力	技巧一般，作品展现了基本的制作技巧	0~10	
		技巧较好，作品展现了合理的制作技巧	11~15	
		技巧熟练，作品展现了高超的制作技巧	16~25	
细节处理	作品细节部分（如叶子的细节）的处理水平	没有细节处理	0~10	
		细节处理一般，作品细节较少，缺乏特色	11~15	
		细节处理非常到位，作品细致且有特色	16~25	
主题表达	作品表达秋天的主题的准确性	主题表达不足，作品与秋天主题关联性不足	0~15	
		主题表达非常准确，作品让人强烈感受到秋天的气息	16~25	
总分			0~100	

三 设计方案

（一）初步确定相框作品的设计

❶ 了解生活中常规相框的外观设计和装饰材料。

❷ 小组讨论，初步确定相框作品的外观及内部装饰的比例、材料和内容。

（二）选择制作相框作品的材料与工具

根据前面对相框的组成部分和材料的分析，以及自制相框作品的设计需求，选择制作相框作品的材料和工具，并说明理由。

可供选择的材料：

A. 纸板　B. 多色卡纸　C. 木材　D. 竹棍　E. 塑料板　F. 透明玻璃

G. 亚克力板　H. 假花　I. 珠子　J. 贝壳　K. 贴纸　L. 彩绘笔

M．金属丝　N．支架　O．保鲜膜……

可供选择的工具：

A．锯子　B．剪刀　C．固体胶　D．透明胶　E．双面胶

F．热熔胶枪　G．马克笔　H．尺子……

材料的选择

组成部分	材料（填写字母序号）	理由
边框框架		
背板（含作品保护面）		说一说
支架		
其他（装饰）		

可能需要用到的工具（填写字母序号）：

（三）绘制相框作品设计图

❶ 小组合作，结合初步确定的外观、材料和相框作品内容等要素，绘制秋天相框作品设计图（设计图要体现相框的形状、尺寸、边框的装饰、相框展示内容等）。

❷ 汇报交流，每个小组讲解本组相框作品的设计思路，其他小组从作品的可行性及表达秋天要素的准确性等方面提出建议。

秋天相框作品设计图

从正面看	
从背面看	
相框内容	

（四）制作相框作品的项目预算

每个小组有 20 元经费可购买下列材料。除了这些材料，小组还可以根据设计需求自带其他材料，但自带材料的价格也需要列入成本预算表中。

材料清单与价格表

A. 亚克力板 3 元／块	B. 竹棍 2 元／条	C. 塑料板 2 元／块
D. 硬纸板 2 元／块	E. 多色卡纸 1 元／张	F. 金属丝 1 元／条
G. 假花 1 元／朵	H. 珠子、贝壳 1 元／份	I. 贴纸 1 元／张
J. 保鲜膜 1 元／张		

小组制作相框作品的成本预算表

材料（填写字母序号）	数量	单价／元	总价／元
预算总额			

四　物化设计

（一）制作原型

❶ 各小组根据成本预算表购买材料、领取工具。

❷ 小组合作，按设计图制作相框作品。

（二）原型测试

小组进行原型测试，填写测试记录表。

相框作品测试记录表

小组名称：	
测试项目	测试结果（A/B/C）
外观检查	
尺寸精度	
稳定性和安全性	
框内物品布局情况	

【备注】

外观检查：检查相框的外观是否符合预期，颜色、图案、材质等是否都符合预期，是否有明显的瑕疵或损坏。

尺寸精度：确认相框的尺寸是否与设计方案一致，以及各部分零件的组装是否紧密。

稳定性和安全性：测试相框在被摇晃时的稳定性，确认不会出现掉落或倾倒的情况。同时，也要检查相框是否适合放在各种环境中，如阳光下、室内等。

框内物品布局情况：确认相框里的物品布局是否符合预期，能否定型。

（测试结果中 A 代表好，B 代表一般，C 代表差。）

五 交流完善

（一）汇报交流

❶ 小组展示自己的相框作品测试记录表，分析相框作品的整体情况，介绍自己小组相框作品的亮点与不足。同时，回答他人提出的问题。

❷ 其他小组专心听汇报，根据汇报内容提出问题及修改建议，并能学习他人作品的亮点。

（二）作品反思

小组根据交流意见与建议填写作品反思表，并迭代更新自己小组的相框作品的设计方案。

作品反思表

小组名称：
作品名称：
小组总结（说一说本组作品的亮点、待改进之处、他人提供的改进建议）
修改方案（图文并茂）

（三）定型作品

小组根据作品反思表对作品进行修改、完善，定型作品。

【创意拓展】

一 头脑风暴

除了相框，还有哪些创意方式可以将秋天的美丽呈现并保留下来？全班进行头脑风暴，大家畅所欲言，共同绘制出班级的创意思维导图吧！

创意思维导图

（学生说创意，教师画创意思维导图）

二 拓展设计

在头脑风暴的创意思维导图中，选出同学们最感兴趣的一种保留秋天的美丽的方式，说一说应该如何实现这个创意点子。

【评价反思】

一 项目自评

请根据自己的表现进行自评。自我评价越高，填涂越多相框。

项目自评表

评价项目	自评
在整个项目过程中能提出独特的、创新的想法	□□ □□ □□
能通过阅读材料、咨询他人等多种途径了解秋天的特点、测量方法等相关信息	□□ □□ □□
能通过科学探究了解叶子的特点，以及掌握简单的测量技能	□□ □□ □□
能根据秋天景物的特征以及生活中的相框的结构完成相框作品的设计	□□ □□ □□
能选择合适的材料和工具，完成具有秋天气息的相框作品制作	□□ □□ □□
在遇到困难和问题时，能够主动思考并寻找解决方案	□□ □□ □□
在展示作品环节，乐于交流与互评，能对自己小组制作作品的不足之处进行反思	□□ □□ □□
综合评价	□□ □□ □□

二 基础测验（教师读题，学生作答）

（一）选择题

1. 下列哪种材料最不适合用来制作秋天的相框？（　　）

　　A. 纸张　　　　　　B. 木头　　　　　　C. 塑料　　　　　　D. 金属

2. 在相框中呈现秋天的美丽，以下哪种方法是错误的？（　　）

　　A. 使用秋天的落叶标本

　　B. 使用夏季的海滩图片

　　C. 使用彩纸剪裁出枫叶的形状

　　D. 在相框上绘出秋天的风景

3. 在制作相框时，我们应该注意什么？（　　）

　　A. 只关注外观，忽略结构稳定性

　　B. 只关注颜色搭配，忽略材料选择

C. 确保结构稳定，颜色搭配和谐

D. 随意选择材料，无须注意相框的用途

（二）判断题

1. 相框的尺寸应该根据表示秋天的图片大小来决定。 （　　）

2. 相框的颜色应该选择青绿色调，以突出秋天的生机。 （　　）

3. 制作相框时，可以邀请同学一起参与，以提高合作能力。 （　　）

三 PMIQ 反思

学生完成项目学习后进行 PMIQ 反思，填写下表。

小组名称：		学生姓名：	
项目名称：			
Plus 我已学懂的知识	Minus 我还未学懂的知识	Interest 我还想继续关注的知识	Questions 我仍然存在疑问的知识

给蜗牛建个 "家"

项目简介

　　本项目以"亲近自然，爱护自然"为主题，鼓励学生给蜗牛建个"家"，以启发学生观察蜗牛的身体结构、生活习性，理解动物与环境的关系。学生在通过实践了解蜗牛适宜生活在阴暗潮湿的环境后，利用草图构思蜗牛的"家"的设计方案，并选择合适的工具与材料制作适宜蜗牛居住的"家"。学生观察、记录蜗牛住进"新家"后的表现，以说故事的形式与同学分享。

跨学科学习目标

科学目标	工程目标	技术目标
能利用科学观察的方法了解蜗牛的身体结构、生活习性，以及对外界环境的需求。	能利用草图，说明适宜蜗牛生活的"家"的结构特点；选用恰当的材料（如透气的盒子、潮湿的泥土等）搭建蜗牛的"家"。	能使用放大镜等工具观察蜗牛的身体结构；能使用剪刀等工具制作蜗牛的"家"。
人文目标	**艺术目标**	**语言目标**
能激发同理心，从动物的角度考虑其生存需求。	能使用环保材料制作蜗牛的"家"，并适当美化其外观。	能组织语言讲述蜗牛进"新家"后的有趣故事。

驱动问题

项目核心驱动问题：

　　如何设计并制作一个适合蜗牛居住的"家"？这个"家"需要满足什么条件？

本项目共分五个环节进行，每个环节的问题如下：

环节	问题
问题聚焦	1. 给蜗牛建一个什么样的"家"？ 2. 建造蜗牛的"家"需要考虑哪些因素？
科学探究	1. 蜗牛的身体有什么特点？ 2. 蜗牛是怎样运动的？ 3. 蜗牛的生活习性是怎样的？
设计制作	1. 针对蜗牛的"家"的评价标准是什么？ 2. 如何选择制作蜗牛的"家"的材料与工具？ 3. 如何设计草图以符合评价指标？ 4. 如何更好地展示蜗牛的"家"？ 5. 如何根据蜗牛的反应改进蜗牛的"家"？
创意拓展	能否分享一个蜗牛住进"新家"的有趣故事？
评价反思	1. 我在项目实施过程中各方面表现如何？ 2. 我掌握了哪些关于蜗牛与工程设计的基础知识？ 3. 我提升了哪方面的能力？需要继续提升哪方面的能力？

 活动过程

【问题聚焦】

一 情境问题

（一）创设真实情境

一天下午，学校里突然下起了倾盆大雨。雨水带来了清新的空气，也唤醒了校园各个角落的小生物们。校园里的蜗牛都从隐藏处慢慢地爬了出来，它们似乎在享受这难得的湿润环境。慢慢地，有学生注意到，路上的蜗牛正处在危险之中——它们可能会被来往的同学们不小心踩到。于是，几个关心小动物的学生自发行动起来，他们小心翼翼地将蜗牛捡起，放到一个安全的地方。

老师看到了这群热心的学生，感到很欣慰，便提出了一个建议："为什么不给小蜗牛们设计制作一个适合居住的'家'呢？这样既可以保证它们的安全，又可以让你们学到更多关于生态和环境保护的知识。"

（二）提出问题

如何设计并制作一个适合蜗牛居住的"家"？建造这个"家"需要考虑哪些因素？

二 确定目标

进行小组讨论，确定小组制作的蜗牛的"家"要达到的目标形态，画一画并说一说。

目标计划表

小组名称	
小组成员	

我们的目标

（温馨提示：可以从蜗牛的"家"的大小、具备哪些功能等角度确定目标。）

三 阅读研讨

慢吞吞的蜗牛

蜗牛有个软软的身体，上面还有一个像小房子一样的硬壳。它们爬得很慢，但是能紧紧地贴在各种东西上。蜗牛喜欢阴凉、潮湿的地方，蜗牛喜欢吃蔬菜和果皮，它们会在晚上出来找食物吃。它们有触角，可用来感知周围的环境，还能用黏液助力移动。

小组研讨，回答下面的问题并完成填空。

1. 根据资料，说一说：蜗牛的特点有哪些？

2. 蜗牛的身体是_____，背上有一个_____，它们爬得_____，喜欢_____的地方，喜欢吃_____，能用_____来感知周围的环境，走过的地方都留下了_____。

【科学探究】

一 激趣导入

（一）猜谜语

慢悠悠来慢悠悠，围绕一团糨糊游。

不是牛儿又称牛，牛儿身上有重楼。

谜底：蜗牛

（二）提出科学探究问题

① 蜗牛的身体有什么特点？

② 蜗牛是怎样运动的？

③ 蜗牛遇到危险时有什么反应？

④ 蜗牛的生活习性是怎样的？

二 实验探索

（一）**探索一** 蜗牛身体的特点

① 思考并作出假设：蜗牛的身体有什么特点？

② 设计实验。

材料：白玉蜗牛、放大镜。

实验过程：

把白玉蜗牛放在桌面，用放大镜认真观察并画出蜗牛的身体。

③ 按要求做实验，填写实验记录单，进行小组汇报。

实验记录单

画出你观察到的蜗牛

写出蜗牛身体部位的名称

用对应字母填空：A. 壳；B. 触角（两对）；C. 腹足；D. 眼睛（两只）；E. 口

❹ 研讨解释。

你画的蜗牛身体部位齐全吗？请补齐不足的部分。

（二）**探索二**　蜗牛的运动

❶ 思考并作出假设：蜗牛是如何运动的？

❷ 设计实验。

材料：白玉蜗牛、棉线、树枝、玻璃。

实验过程：

把蜗牛分别放在棉线、树枝和玻璃上，观察蜗牛运动时，身体的变化。特别注意观察蜗牛在玻璃上运动时腹足的变化。

❸ 按要求做实验，填写实验记录单，进行小组汇报。

实验记录单

画出蜗牛运动时腹足的变化

❹ 研讨解释。

蜗牛可以在各种物体的表面上运动。运动时，蜗牛的腹足_____（有/没有）波浪式运动，因此蜗牛可以前行。而且蜗牛运动过的地方都留下了_____。

（三）**探索三**　蜗牛的应激反应

❶ 思考并作出假设：蜗牛遇到危险时有什么反应？

❷ 设计实验。

材料：白玉蜗牛、棉签。

实验过程：

用棉签轻轻触碰蜗牛，观察并描述蜗牛的反应。

❸ 按要求做实验，说一说你的发现。

❹ 研讨解释。

当我们用棉签触碰蜗牛时，蜗牛_____（会/不会）缩进壳里。

（四）**探索四** 蜗牛的生活习性

❶ 思考并作出假设：适合蜗牛生活的环境是什么样的？

❷ 设计实验。

实验过程：

寻找蜗牛生活的地方，并记录这些地方的特点。

❸ 按要求做实验，填写实验记录单，进行小组汇报。

实验记录单

蜗牛出现的地方	环境特点（选填：A.阴暗；B.光亮；C.潮湿；D.干燥）

❹ 研讨解释。

根据蜗牛出现的地方，我们知道蜗牛适宜生活在＿＿＿＿＿的环境。

三 总结研讨

（一）探究总结

> **通过科学探究，我们知道**
>
> 　蜗牛的身体部位有壳、两对触角、两只眼睛、腹足、口；蜗牛遇到危险会缩进壳里；蜗牛依靠腹足波浪式运动而前进；蜗牛喜欢生活在阴暗潮湿的环境中。

（二）拓展研讨

通过科学探究可知，要设计一个适合蜗牛生活的"家"，需要考虑哪些因素？

【设计制作】

一 分析产品

观察蜗牛的"家"，分析蜗牛的"家"的组成部分及各部分的对应功能，了解蜗牛的"家"各部分的主要制作材料。

写出蜗牛的"家"的组成部分的名称，并说一说各部分的功能和主要制作材料。

用对应字母填空：A．带孔容器；B．装饰物；C．潮湿环境；D．食物盒

二　共研标准

教师与学生一起讨论并确定针对蜗牛的"家"的评价指标。以"美观程度、防光性能、保湿性能、成本控制"为评价指标制订蜗牛的"家"评分表。

蜗牛的"家"评分表

评价指标	指标含义	评分依据	分值	得分
美观程度	对蜗牛的"家"的颜色搭配、外观和结构的综合评价	蜗牛的"家"的颜色搭配不符合蜗牛的生活习性；外观简单；结构不合理	0~20	
		蜗牛的"家"的颜色搭配符合蜗牛的生活习性；外观简洁；结构合理	20~30	
		蜗牛的"家"的颜色搭配符合蜗牛的生活习性，且让其感到舒适；外观线条流畅且有创意；整体结构协调	30~40	
防光性能	蜗牛的"家"在遮光、保持阴暗方面的性能	蜗牛的"家"不能遮光，较明亮	0	
		蜗牛的"家"能遮光，能保持阴暗	20	
保湿性能	蜗牛的"家"在长时间保持潮湿方面的性能	蜗牛的"家"不能长时间保持潮湿	0	
		蜗牛的"家"能长时间保持潮湿	20	
成本控制	蜗牛的"家"的制作成本的控制水平，以及节约材料和费用的能力	成本严重超支，浪费材料	0	
		成本超支部分占原始预算的20%及以下	10	
		成本在预算内	20	
总分			0~100	

三 设计方案

（一）初步确定蜗牛的'家'的设计

❶ 与家人、老师交流，了解蜗牛的"家"怎样防光和保湿。

❷ 收集自然、舒适的材料，如各种形状的树叶、奇形怪状的小石头、外形美观的贝壳等。

❸ 小组初步确定蜗牛的"家"的结构与外观设计。

（二）选择制作蜗牛的'家'的材料与工具

根据前面对蜗牛的"家"的结构与材料的分析，以及小组讨论的蜗牛的"家"的设计需求，选择制作蜗牛的"家"的材料和工具，并说明理由。

可供选择的材料：

A. 玻璃瓶　B. 塑料盒　C. 木盒　D. 土壤　E. 泥沙

F. 苹果　G. 生菜　H. 水　I. 小石头　J. 小贝壳　K. 矿泉水瓶盖……

可供选择的工具：

A. 胶水　B. 双面胶　C. 剪刀　D. 尺子　E. 铅笔　F. 马克笔……

材料的选择

组成部分	材料（填写字母序号）	理由
容器		
潮湿环境		说一说
食物盒		
装饰物		

可能需要用到的工具（填写字母序号）：

_____

（三）绘制蜗牛的"家"的设计图

❶ 小组合作，结合初步确定的外观和材料，绘制蜗牛的"家"设计图。

❷ 汇报交流，每个小组讲解本组蜗牛的"家"的设计意图，其他小组从美观程度、防光保湿性能等方面提出建议。

蜗牛的"家"设计图

从正面看	
从侧面看	
从上面看	

（四）制作蜗牛的"家"的项目预算

每个小组有 100 元经费可购买下列材料。除了这些材料，小组还可以根据设计需求自带其他材料，但自带材料的价格也需要列入成本预算表中。

模型材料清单与价格表

A. 玻璃瓶 20 元／个	B. 塑料盒 10 元／个	C. 木盒 5 元／个
D. 土壤 20 元／勺	E. 泥沙 10 元／勺	F. 苹果 5 元／片
G. 生菜 5 元／片	H. 小石头 5 元／块	I. 小贝壳 10 元／块
J. 矿泉水瓶盖 1 元／个		

小组制作蜗牛的"家"的成本预算表

材料（填写字母序号）	数量	单价/元	总价/元
预算总额			

四 物化设计

（一）制作原型

❶ 各小组根据成本预算表购买材料、领取工具。

❷ 小组合作，按设计图制作蜗牛的"家"。

（二）原型测试

小组进行原型测试，填写测试记录表。

蜗牛的"家"功能测试记录表

小组名称：

测试项目	测试结果（√/×）
能否遮光	
能否保湿	

【备注】

测试项目"能否保湿"的测试标准为，间隔 24 小时后，若土壤依旧保持湿润，则测试结果为能保湿。

五 交流完善

（一）汇报交流

❶ 小组展示自己的蜗牛的"家"功能测试记录表，分析蜗牛的"家"的结构与功能，介绍本组蜗牛的"家"的亮点与不足。同时，回答他人提出的问题。

❷ 其他小组专心听汇报，根据汇报内容提出问题及修改建议，并能学习他人作品的亮点。

（二）作品反思

小组根据交流意见与建议填写作品反思表，并迭代更新自己小组的蜗牛的"家"的设计方案。

作品反思表

小组名称：
作品名称：
小组总结（说一说本组作品的亮点、待改进之处、他人提供的改进建议）
修改方案（图文并茂）

（三）定型作品

小组根据作品反思表对作品进行修改、完善，定型作品。

【创意拓展】

一　头脑风暴

恭喜蜗牛住进"新家"！请仔细观察蜗牛住进"新家"后的表现，记录下各种蜗牛住进"新家"后发生的新奇、有趣的事情。

记录表

（可图文并茂进行记录）

三 拓展设计

整理对蜗牛住进"新家"后发生的新奇、有趣的事情的记录，以讲故事的形式讲给大家听吧！

【评价反思】

一 项目自评

请根据自己的表现进行自评。自我评价越高，填涂越多小蜗牛。

项目自评表

评价项目	自评
能与小组成员良好沟通，确定目标计划，并按计划开展活动	🐌🐌🐌
能通过阅读、向他人请教等多途径了解蜗牛的身体结构和生活习性	🐌🐌🐌
能通过科学观察进一步了解蜗牛的身体结构、运动方式、应激反应和生活习性	🐌🐌🐌
能有创造性地用自然材料完成蜗牛的"家"的外观设计	🐌🐌🐌
能选择合适的材料和工具，制作出舒适的蜗牛的"家"	🐌🐌🐌
在展示作品环节，乐于分享创作经验，并与其他小组交流互评，对作品进行反思	🐌🐌🐌
通过仔细观察蜗牛入住"新家"后的表现，能以讲故事的形式和同学们分享	🐌🐌🐌
综合评价	🐌🐌🐌

三 基础测验（教师读题，学生作答）

（一）选择题

1. 以下列举的蜗牛的身体部位中，哪一个部位是起保护作用的？（ ）

　　A．触角　　　　　B．眼睛　　　　　C．壳

2．蜗牛前进时主要依靠以下哪一个部位的运动？（　　）

　　A．触角　　　　　B．眼睛　　　　　C．腹足

3．蜗牛适宜生活在以下哪种环境中？（　　）

　　A．阳光充足的地方

　　B．阴暗潮湿的地方

　　C．干燥炎热的地方

（二）判断题

1．蜗牛有两对触角和两只眼睛。　　　　　　　　　　　　　　（　　）

2．蜗牛依靠腹足的跳跃式运动前进。　　　　　　　　　　　　（　　）

3．蜗牛适宜生活在阴暗潮湿的地方。　　　　　　　　　　　　（　　）

三　PMIQ 反思

学生完成项目学习后进行 PMIQ 反思，填写下表。

小组名称：		学生姓名：	
项目名称：			
Plus 我已学懂的知识	Minus 我还未学懂的知识	Interest 我还想继续关注的知识	Questions 我仍然存在疑问的知识

给家人做顶帽子

📖 项目简介

> 本项目的设计灵感来源于日常生活中一个常见的情境：家人不小心丢失了帽子。为了弥补这个遗憾，学生亲手为家人设计制作一顶既能让家人喜欢，又能满足家人实际需求的帽子。通过本项目的学习，学生不仅能够在实践中学到一系列制作帽子的实用技能，还能加深对家庭成员的了解和关爱，进一步促进家庭和睦。

👤 跨学科学习目标

科学目标
探究帽子的形状与功能之间的关系，探究不同材料的性能，如防水、保暖等。

工程目标
能按照工程设计流程设计并制作帽子，包括需求分析、概念设计、材料选择、制作过程，以及测试改进。

技术目标
能准确测量头围和帽子的尺寸；能选择恰当的材料和工具制作一顶帽子。

数学目标
能识别基本的几何形状，并能运用它们构建和装饰帽子；能根据工程设计方案做项目预算。

艺术目标
培养对艺术作品的欣赏能力，能通过分析家人的需求和喜好来设计帽子。

语言目标
通过展示和分享自己制作的帽子，以及与家人交流，增强自信心和沟通能力。

人文目标
增强家庭成员之间的情感；加深对社会职业的认识。

⚙ 驱动问题

项目核心驱动问题：

如何根据家人的职业需求或生活需求设计并制作一顶帽子？

本项目共分五个环节进行，每个环节的问题如下：

环节	问题
问题聚焦	1. 如何设计并制作一顶既能让家人喜欢，又能满足家人实际需求的帽子？ 2. 在创作时需要考虑哪些关键要素？ 3. 家人对帽子有哪些需求？ 4. 期望通过制作帽子给家人传达哪些信息或情感？
科学探究	1. 如何测量头围？ 2. 不同材料的保温性能和防水性能有什么不同？ 3. 各种帽子的形状是如何影响其防晒效果的？
设计制作	1. 生活中不同帽子的结构、材料和功能有什么不同？ 2. 自制帽子的评价标准是什么？ 3. 选择哪些工具和材料来制作帽子？ 4. 如何测试自制帽子的性能？ 5. 如何更好地展示自制帽子？
创意拓展	除了基本的帽子设计，还能添加哪些创新元素来让其拥有其他作用？
评价反思	1. 我是否达到了设计并制作帽子的预期目标？ 2. 我是否掌握了本项目的科学知识？ 3. 我从这个项目中学到了哪些知识和技能？

 活动过程

【问题聚焦】

一　情境问题

（一）创设真实情境

秋日的阳光温暖而柔和，一家人在公园度过了一段愉悦、自在的野餐时光。然而，当大家准备回家时，却发现妈妈心爱的帽子不见了踪影。这顶帽子是小明送给妈妈的生日礼物，意义非凡，因此妈妈非常失落。为了让妈妈开心，小明决定亲自为妈妈制作一顶独具特色的新帽子。

（二）提出问题

如果让你像小明那样为家人制作一顶帽子，你会如何设计并制作一顶既能让家人喜欢，又符合家人实际需求的帽子呢？在创作时需要考虑哪些关键要素？

二 确定目标

进行小组讨论，确定为小组内哪位成员的家人设计并制作一顶帽子，利用课后时间对该成员的家人进行采访，并确认期望通过制作帽子传达哪些信息或情感。

信息采集表

小组名称			
小组成员			
采访的家人		家人职业	
家人在什么情况下会戴帽子			
家人对帽子的需求			
家人的偏好（颜色等）			
期望通过制作帽子传达哪些信息或情感			

三 阅读研讨

帽子的用途

帽子是一种戴在头上的服饰，通常用来保护头部，部分帽子还具有遮阳功能。此外，帽子也可以作装饰之用，丰富造型。不同地区对帽子有不同的文化认知，尤其在西方文化中，帽子曾是社会地位的象征。

帽子的种类很多，根据用途可分为风雪帽、雨帽、太阳帽、安全帽等。头部被称为"诸阳之汇"，医学研究发现，当环境温度为15℃时，不戴帽子的人从头部散失的热量占人体总热量的30%，4℃时则散失60%。如果头部受寒，则有可能导致脑血管收缩，引发头昏、头痛等症状，甚至导致头发营养失衡或大量脱落。因此，在寒冷的冬天，头部也需要保暖防寒。

在风沙大、尘土多的环境中，尤其是在污染严重的时代，头发容易被吹乱，沾满灰尘和微生物。这些灰尘和微生物可能会刺激头皮，导致头皮滋生细菌，甚至引发毛囊感染，影响头发的生长环境。这时，戴一顶舒适、时尚的帽子，可以有效阻挡灰尘和微生物的侵害，既美观，又具有保护头发的功能。

小组研讨，完成填空并回答下面的问题。

1. 帽子的用途：可以_____，亦可_____，也可以_____。

2. 说一说：你在生活中见过的帽子有哪些类型和用途?

【科学探究】

一 激趣导入

（一）观察帽子

观察不同类型的帽子，分别介绍每一种帽子的功能和组成材料。

  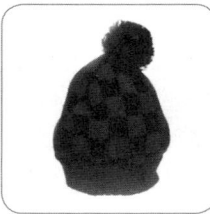 

（二）提出科学探究问题

❶ 如何测量头围?

❷ 不同材料的保温性能和防水性能有什么不同?

❸ 各种帽子的形状是如何影响其防晒效果的?

二 实验探索

（一）**探索一** 测量头围

❶ 思考并作出假设：如何测量头围?

❷ 设计实验。

材料：皮尺。

实验过程：

用皮尺来测量小组内成员的头围。

❸ 按要求做实验，填写实验记录单，进行小组汇报。

实验记录单

小组成员	头围 / 厘米

❹ 研讨解释。

通过探索一，掌握测量头围的方法。

（二）**探索二** 不同材料的保温性能

❶ 思考并作出假设：不同材料的保温性能有什么不同？

❷ 设计实验。

材料：温度计若干、秒表、棉布、塑料薄膜、硬纸板、锡纸、卡纸。

实验过程（教师演示）：

（1）将若干温度计放入热水中，在温度计读数为60℃时取出。

（2）用不同材料将温度计的玻璃泡包裹住，观察温度计读数的变化。

❸ 认真观察每一根温度计的读数变化，填写不同材料的温度计读数记录表。

不同材料的温度计读数记录表

时间	棉布	塑料薄膜	硬纸板	锡纸	卡纸
30 秒					
1 分钟					
2 分钟					
3 分钟					
4 分钟					
5 分钟					

❹ 研讨解释。

通过探索二，了解不同材料的保温性能。

（三）**探索三** 不同材料的防水性能

❶ 思考并作出假设：不同材料的防水性能有什么不同？

❷ 设计实验。

材料：注射器、纸巾、棉布、塑料薄膜、硬纸板、锡纸、卡纸。

实验过程：

（1）先在每种材料下面各垫上一张纸巾。

（2）用注射器往材料上加水，并时刻关注纸巾是否被浸湿了。

❸ 按要求做实验，填写不同材料的防水性能研究记录表，进行小组汇报。

不同材料的防水性能研究记录表

材料	纸巾是否被浸湿（√ / ×）
棉布	
塑料薄膜	
硬纸板	
锡纸	
卡纸	

❹ 研讨解释。

根据探索三的现象和结果等信息，推理出：棉布、硬纸板和卡纸不防水，塑料薄膜和锡纸防水。

（四）**探索四** 不同形状的帽子的防晒效果

❶ 思考并作出假设：不同形状的帽子的防晒效果有什么不一样？

❷ 设计实验。

材料：太阳帽、鸭舌帽、无檐帽。

实验过程：

观察这三顶不同类型的帽子，将其形状画下来，并到阳光下测试每一顶帽子的防晒效果。

❸ 按要求做实验，填写不同形状的帽子的防晒效果记录表，进行小组汇报。

不同形状的帽子的防晒效果记录表

类型	形状	防晒效果 （好／一般／差）
太阳帽		
鸭舌帽		
无檐帽		

❹ 研讨解释。

根据探索四的现象和结果等信息，推理出不同形状的帽子的防晒效果的区别。

三 总结研讨

（一）探究总结

> **通过科学探究，我们知道**
>
> 头围的测量方法；不同材料的保温性能和防水性能不同，如塑料膜的防水性能比较好；不同形状的帽子的防晒效果不同，如帽檐比较大的帽子防晒效果好。

（二）拓展研讨

通过科学探究可知，如要设计一顶符合家人需求的帽子，我们该选取哪些材料？采用什么形状？

【设计制作】

一 分析产品

帽子的类型有很多，请选择其中一种帽子，分析其组成部分及各部分的功能，并说一说帽子各部分的主要制作材料。

二 共研标准

教师与学生一起讨论并确定自制帽子的评价指标。以"设计创意、制作质量、美观程度、用户体验"为评价指标制定自制帽子评分表。

自制帽子评分表

评价指标	指标含义	评分依据	分值	得分
设计创意	设计的创意性和原创性	设计是否有创意地反映了家人的喜好	0~10	
		设计是否具有原创性，是否为对现有帽子的直接仿造	0~10	
制作质量	制作工艺的精细程度、形状的稳定性、耐用性	帽子的制作工艺是否精细	0~10	
		帽子的形状是否稳定，帽子能否在日常使用中保持形状	0~10	
		帽子是否耐用，能否长期使用	0~10	
美观程度	颜色搭配、外观设计的综合评价	颜色搭配是否和谐，是否符合家人的审美	0~10	
		帽子的整体外观是否吸引人，设计元素是否协调	0~10	
用户体验	舒适度、实用性、尺寸贴合度	佩戴是否舒适，是否考虑到了透气和重量等问题	0~10	
		帽子是否实用，能否满足家人的预期需求，如保暖、遮阳等	0~10	
		帽子大小是否符合家人的头围	0~10	
总分			0~100	

三 设计方案

（一）测量头围

测量并记录家人的头围。

家人头围记录表

选择的家人：	
家人的头围	（　　）厘米

（二）初步确定帽子的设计

小组根据前面对成员的家人的采访内容，以及对市场上帽子材料和形状的分析，讨论并初步确定自制帽子的设计。

（三）选择制作帽子的材料与工具

根据自制帽子的初步设计需求选择制作帽子的材料和工具，并说明理由。

可供选择的材料：

A．棉布　B．塑料薄膜　C．硬纸板　D．锡纸　E．卡纸　F．棉线

G．塑料半球　H．棉花　I．毛线　J．扭扭棒　K．毛绒球

L．假花　M．丝带　N．彩带……

可供选择的工具：

A．剪刀　B．固体胶　C．透明胶　D．双面胶　E．马克笔……

材料的选择

组成部分	材料（填写字母序号）	理由
帽顶		
帽檐		
其他（外观设计）		

可能需要用到的工具（填写字母序号）：

（四）绘制自制帽子设计图

❶ 小组合作，结合初步确定的设计方案和选择的材料，绘制自制帽子的

设计图。

❷ 汇报交流，每个小组讲解本组自制帽子的设计意图，其他小组从自制帽子的可行性及外观等方面提出建议。

自制帽子设计图

从正面看	
从侧面看	
从上面看	

（五）制作帽子的项目预算

每个小组有 100 元经费可购买下列材料。除了这些材料，小组还可以根据设计需求自带其他材料，但自带材料的价格也需要列入成本预算表中。

材料清单与价格表

A．棉布 10 元／片	B．塑料薄膜 10 元／片	C．硬纸板 10 元／片
D．锡纸 10 元／米	E．卡纸 5 元／张	F．棉线 5 元／份
G．塑料半球 10 元／个	H．棉花 5 元／份	I．毛线 5 元／份
J．扭扭棒 5 元／个	K．毛绒球 5 元／个	L．假花 5 元／朵
M．丝带 5 元／米	N．彩带 5 元／米	

小组制作帽子的成本预算表

材料（填写字母序号）	数量	单价／元	总价／元
预算总额			

四 物化设计

（一）制作原型

❶ 各小组根据成本预算表购买材料，领取工具。

❷ 小组合作，按设计图制作帽子。

（二）原型测试

小组进行原型测试，填写测试记录表。

帽子测试记录表

小组名称：	
测试项目	测试结果（√/×）
帽子结构是否完整	
装饰物能否稳定地附在帽子上	
帽子大小是否符合家人头围	
帽子在佩戴时是否稳固	
帽子的形状是否稳定，帽子能否长时间保持形状	

【备注】

倒置帽子，装饰物没有掉落说明其能稳定地附在帽子上。

左右大力甩头测试帽子是否会掉落，不会掉落说明其佩戴稳固。

五 交流完善

（一）汇报交流

❶ 小组展示自己制作的帽子，介绍帽子的外观设计和功能，讲述希望通过该顶帽子向家人传达哪些信息或情感。同时，回答他人提出的问题。

❷ 其他小组专心听汇报，根据汇报内容提出问题及修改建议，并能学习他人作品的亮点。

（二）作品反思

小组根据交流意见与建议填写作品反思表，并迭代更新自己小组的帽子的设计方案。

作品反思表

小组名称:
作品名称:
小组总结（说一说本组作品的亮点、待改进之处、他人提供的改进建议）
修改方案（图文并茂）

（三）定型作品

小组根据作品反思表对作品进行修改、完善，定型作品。

【创意拓展】

一 头脑风暴

发挥想象力！在基本的帽子设计之上，我们还能添加哪些创新元素让其拥有其他作用？小组内讨论，并根据讨论结果画出创意帽子的思维导图。

创意帽子思维导图

二 拓展设计

在创意帽子的思维导图中，选择小组成员最感兴趣的元素，合作绘制出这顶创意帽子的设计图。

创意帽子的设计图

【评价反思】

一 项目自评

请根据自己的表现进行自评。自我评价越高，填涂越多帽子。

项目自评表

评价项目	自评
能与小组成员进行良好的沟通，确定目标计划，并按计划开展活动	🧢 🧢 🧢
能通过阅读、向他人请教等多途径了解帽子的相关信息	🧢 🧢 🧢
能通过科学探究实验理解不同材料、不同形状对帽子功能的影响	🧢 🧢 🧢
能选择合适的材料和工具，制作出令家人满意的帽子	🧢 🧢 🧢
在展示作品环节，乐于分享创作经验，并与其他小组交流互评，对作品进行反思	🧢 🧢 🧢
能对帽子进行创意设想，并画出设计图	🧢 🧢 🧢
综合评价	🧢 🧢 🧢

二 基础测验

连一连，并说一说以下帽子都有什么功能。

　　　　　　　安全帽

　　　　　　　毛线帽

　　　　　　　厨师帽

　　　　　　　草帽

三 PMIQ 反思

学生完成项目学习后进行 PMIQ 反思，填写下表。

小组名称：		学生姓名：	
项目名称：			
Plus 我已学懂的知识	Minus 我还未学懂的知识	Interest 我还想继续关注的知识	Questions 我仍然存在疑问的知识

磁铁玩具总动员

项目简介

　　本项目以发现家里有一些废弃磁铁为情境，三要目标是引导学生挖掘磁铁的奥秘，将其变废为宝。通过探索废弃磁铁，学生在动手实践中学习有关磁铁的知识，提升创造力和团队合作精神。在项目实施过程中，注重培养学生的独立思考能力、解决问题的能力，以及团队合作精神，让学生在轻松愉快的氛围中探索磁铁的奥秘，赋予磁铁更大的价值。

跨学科学习目标

科学目标	工程目标	技术目标
了解磁铁的基本性质，如磁铁能吸引铁、钴、镍一类的物体，磁铁不同部分的磁力不同，相同的磁极相互排斥，不同的磁极相互吸引。	能根据磁铁的性质设计一个玩具草图，包括使用的材料和预期的效果。	能根据设计需求选择合适的材料；制作过程能遵循安全指导；制作过程如遇问题能进行基本的故障排除。

数学目标	艺术目标	语言目标
能够识别常见的几何图形（如"U"形、环形、条形）并对它们进行分类；能根据工程设计方案做项目预算。	培养对颜色、形状和质地等美学要素的感知能力。	能够用清晰的语言讲述磁铁玩具的设计理念和设计过程；能对各小组的磁铁玩具进行评价，并提出改进建议。

驱动问题

项目核心驱动问题：

　　磁铁有什么性质？我们要如何利用磁铁的性质来制作磁铁玩具？

本项目共分五个环节进行，每个环节的问题如下：

环节	问题
问题聚焦	1. 小组要制作一个什么样的磁铁玩具？ 2. 磁铁是怎么被发现的？
科学探究	1. 磁铁能吸引什么？ 2. 磁铁能隔着物体吸引铁吗？ 3. 磁铁的各个部位都有磁力吗？ 4. 磁极间的相互作用有什么规律？
设计制作	1. 自制磁铁玩具的评价标准是什么？ 2. 我们需要哪些材料和工具来实现磁铁玩具制作？ 3. 自制磁铁玩具是否达到了小组的设计目标？
创意拓展	磁铁在生活中有哪些创意应用？
评价反思	1. 我在本项目实践中是否有好的表现？ 2. 我是否掌握了本项目的科学知识？

活动过程

【问题聚焦】

 情境问题

（一）创设真实情境

在周末，小谭与家人一起进行了家庭大扫除。不经意间，小谭发现一个塑料袋中装有许多磁铁。正巧近期弟弟的玩具损坏了，小谭想借此机会利用这些磁铁为他制作一款新颖有趣的磁铁玩具，实现废物利用，变废为宝。

（二）提出问题

磁铁具有什么性质？如何利用磁铁的性质制作磁铁玩具？

二 确定目标

进行小组讨论，确定小组制作磁铁玩具的类型，填写目标计划表。

目标计划表

小组名称	
小组成员	

我们的目标

（磁铁玩具的类型、大小等。）

（温馨提示：可参考普通玩具的设计，确定玩具的类型。）

三 阅读研讨

磁铁的发现

你知道吗？磁铁其实并不是人类发明创造的，它来自大自然赐予我们的礼物——磁铁矿。想象一下在很久以前，聪明的古希腊人和中国人偶然间发现了一种神奇的石头——"吸铁石"。这种石头有着不可思议的魔力，能轻松吸引小铁片，并且不管怎么摆放，其最终总会指向同一个方向。这一发现让当时的航海者们兴奋极了，他们迅速将这种神奇的石头当成最早的指南工具，帮助他们在茫茫大海上寻找方向。你知道吗？最早发现并使用磁铁的，正是中国人！中国人用磁铁制作出了指南针，这就是我们引以为傲的中国四大发明之一！

小组研讨，完成填空并回答下面的问题。

1.最早发现并使用磁铁的应该是＿＿＿＿＿＿＿＿＿。利用磁铁制作出的＿＿＿＿＿＿＿＿是＿＿＿＿＿＿＿＿＿。

2.请继续查阅资料，说一说：在生活中哪些地方用到了磁铁？它们发挥了怎样的作用？

【科学探究】

一　激趣导入

（一）小魔术

将一块磁铁藏于手套中，然后在课堂上展示不用手拿着钢笔，钢笔依旧可以吸附在手套上。

（二）提出科学探究问题

❶ 磁铁能吸引什么样的物体？

❷ 磁铁是怎样吸引物体的？

❸ 磁铁的各个部位都有磁力吗？

❹ 磁极间相互靠近会出现什么现象？

二　实验探索

（一）**探索一**　磁铁能吸引什么物体

❶ 思考并作出假设：当磁铁靠近不同的物体时，会有什么现象？

❷ 设计实验。

材料：条形磁铁、木屑、硬币、镍片、木板、石头、铝制瓶盖、砖块、玻璃球、螺丝钉、塑料小杯、橡皮筋、燕尾夹、纸片、陶泥、钥匙、铁勺。

实验过程：

说一说这些物体是由什么材料构成的，再用磁铁轻轻接近物体，观察物体能否被磁铁吸引。每种物体应该重复实验3次。

❸ 按要求做实验，填写实验记录单，进行小组汇报。

实验记录单

磁铁能吸引哪些物体（能被磁铁吸引就打"√"，否则打"×"）				
物品	预测结果	实验结果		
		第1次	第2次	第3次
木屑				

（续表）

磁铁能吸引哪些物体（能被磁铁吸引就打"√"，否则打"×"）				
物品	预测结果	实验结果		
		第1次	第2次	第3次
硬币				
镍片				
木板				
石头				
铝制瓶盖				
砖块				
玻璃球				
螺丝钉				
塑料小杯				
橡皮筋				
燕尾夹				
纸片				
陶泥				
钥匙				
铁勺				
我的发现	磁铁能吸引的物体有共同点，它们都是由_____材料构成的。			

【备注】

硬币的材料是钴，镍片的材料是镍。

❹ 研讨解释。

根据探索一的现象和结果等信息，推理出磁铁能吸引的物体是由铁、钴或镍等材料构成的。

（二）**探索二** 磁铁隔物吸铁

❶ 思考并作出假设：磁铁能隔着物体吸引铁吗？

❷ 设计实验。

材料：木片、条形磁铁、铁质小车。

实验过程：

用磁铁隔空吸引小车，观察小车是否会动；用磁铁隔着1片木片吸引小车，观察小车是否会动。依次添加木片到2片、3片，观察小车是否会动。每种情况应重复实验3次。

❸ 按要求做实验，填写实验记录单，进行小组汇报。

实验记录单

木片片数	预测	第1次	第2次	第3次
0片				
1片				
2片				
3片				

【备注】

小车能动就打"√"，否则打"×"。

❹ 研讨解释。

根据探索二的现象和结果等信息，知道磁铁能隔着木片吸引小车，但木片越厚，越难吸引。

（三）**探索三** 磁铁的两极

❶ 思考并作出假设：磁铁的各个部位都有磁力吗？各个部位磁力的大小相同吗？

❷ 设计实验。

材料：回形针、条形磁铁。

实验过程：

将5个回形针排成一条直线，使条形磁铁平行于这条直线，将条形磁铁从远处稳定地向回形针推近，观察5个回形针被吸引的先后顺序。重复实验2次。

③ 按要求做实验，填写实验记录单，进行小组汇报。

实验记录单

第一次	○	○	○	○	○
	S				N

第二次	○	○	○	○	○
	S				N

【备注】

按照被吸引的先后顺序，在圆圈中标注序号。

④ 研讨解释。

根据探索三的现象和结果等信息，推理出磁铁的各个部位都有磁力，而且磁力的大小不相同。

（四）探索四　磁铁间的相互作用

① 思考并作出假设：相同磁极靠近有什么现象？不同磁极靠近又有什么现象？

② 设计实验。

材料：条形磁铁、"U" 形磁铁、环形磁铁。

实验过程：

取同一类型的两块磁铁，分别将它们的相同磁极与不同磁极推近，观察实验现象。

❸ 按要求做实验，填写实验记录单，进行小组汇报。

实验记录单

磁铁类型	相同磁极	不同磁极
条形磁铁		
"U" 形磁铁		
环形磁铁		

【备注】

磁铁相互排斥填写"←→"，相互吸引填写"→←"。

❹ 研讨解释。

根据探索四的现象和结果等信息，推理出相同磁极间相互排斥，不同磁极间相互吸引。

三 总结研讨

（一）探究总结

> **通过科学探究，我们知道**
>
> 1. 磁铁能吸引由铁、钴或镍等材料构成的物体。
> 2. 磁铁能隔着木片吸引小车，但木片越厚，越难吸引。
> 3. 磁铁的各个部位都有磁力，但磁力的大小不相同，磁力最强的部分叫磁极，一个磁铁有两个磁极。
> 4. 磁铁的相同磁极间相互排斥，不同磁极间相互吸引。

（二）拓展研讨

讨论交流：通过科学探究的结果可知，如要设计一个有趣且完整的磁铁玩具，我们该利用磁铁的什么性质来实现什么样的效果？

【设计制作】

一 分析产品

观察市场上的磁铁玩具，如磁铁小车、磁铁迷宫、磁铁积木等，分析不同类型的磁铁玩具的结构及材料，并说一说其功能。

玩具产品分析

名称		
类型		
结构		
材料		

二 共研标准

教师与学生一起讨论并确定自制磁铁玩具的评价指标。以"制作质量、功能与操作、创意拓展、成本控制"为评价指标制订学生自制磁铁玩具评分表。

学生自制磁铁玩具评分表

评价指标	指标含义	评分依据	分值	得分
制作质量	整体构造稳固性	玩具的整体构造稳固性较差	0~10	
		玩具的整体构造稳固性一般	11~20	
		玩具的整体构造稳固性较好	21~30	
功能与操作	功能实现与设计预期的契合度、操作的流畅性	玩具的功能不符合设计预期，玩具操作的流畅性较差	0~10	
		玩具的功能符合设计预期，玩具操作的流畅性一般	11~20	
		玩具的功能符合设计预期，玩具操作的流畅性较好	21~30	

（续表）

评价指标	指标含义	评分依据	分值	得分
创意拓展	原创性	设计不具有原创性，直接仿造现有的磁铁玩具	0~10	
		设计具有一定的原创性，模仿借鉴现有的磁铁玩具	11~20	
		设计具有原创性，制作出独特的磁铁玩具	21~30	
成本控制	控制成本和节约材料的水平	成本严重超支，浪费材料	0	
		成本超支部分占原始预算的20%及以下	5	
		成本在预算内	10	
总分			0~100	

三 设计方案

（一）初步确定磁铁玩具的设计

❶仔细观察已有的磁铁玩具，学习同类型磁铁玩具的基本构造、外观。

❷小组讨论，初步确定磁铁玩具的基本构造和外观。

（二）选择制作磁铁玩具的材料与工具

根据前面对磁铁玩具材料和结构的分析，以及自制磁铁玩具的设计需求，选择自制磁铁玩具的材料和工具，并说明理由。

可供选择的材料：

A．瓶盖　B．回形针　C．铁片　D．硬纸板　E．棉绳　F．超轻黏土

G．卡纸　H．薄木片　I．一次性筷子　J．玻璃片　K．塑料盒

L．条形磁铁　M．"U"形磁铁　N．环形磁铁　O．纸杯……

可供选择的工具：

A．剪刀　B．固体胶　C．透明胶　D．双面胶　E．马克笔……

材料的选择

组成部分	材料（填写字母序号）	理由

可能需要用到的工具（填写字母序号）：

_____

_____

（三）绘制磁铁玩具设计图

❶ 小组合作，根据初步确定的玩具类型、外观和材料，绘制自制磁铁玩具设计图。

❷ 汇报交流，每个小组讲解本组磁铁玩具的设计意图，其他小组从玩具的可行性及外观等方面提出建议。

自制磁铁玩具设计图

（图文并茂）	
磁铁在玩具中的作用	

（四）制作磁铁玩具的项目预算

每个小组有 100 元经费可购买下列材料。除了这些材料，小组还可以根据设计需求自带其他材料，但自带材料的价格也需要列入成本预算表中。

材料清单与价格表

A. 瓶盖 2 元／个	B. 回形针 1 元／个	C. 铁片 10 元／片
D. 硬纸板 10 元／片	E. 棉绳 10 元／份	F. 超轻黏土 20 元／套
G. 卡纸 10 元／张	H. 薄木片 10 元／片	I. 一次性筷子 5 元／双
J. 玻璃片 10 元／片	K. 塑料盒 10 元／个	L. 各类磁铁 15 元／块
O. 纸杯 5 元／个		

小组制作磁铁玩具的成本预算表

材料（填写字母序号）	数量	单价／元	总价／元
预算总额			

四 物化设计

（一）制作原型

❶ 各小组根据成本预算表购买材料，领取工具。

❷ 小组合作，按设计图制作磁铁玩具。

（二）原型测试

小组进行原型测试，填写测试记录表。

磁铁玩具测试记录表

小组名称：

测试项目	测试结果（√／×）
能否正常玩耍	
结构是否牢固	
可否长期使用	

五 交流完善

（一）汇报交流

❶ 小组展示自己的磁铁玩具测试记录表，分析磁铁玩具的使用情况，介绍本组的磁铁玩具的亮点与不足。同时，回答他人提出的问题。

❷ 其他小组专心听汇报，根据汇报内容提出问题及修改建议，并学习他人作品的亮点。

（二）作品反思

小组根据交流意见与建议填写作品反思表，并迭代更新自己小组的磁铁玩具的设计方案。

作品反思表

小组名称：
作品名称：
小组总结（说一说本组作品的亮点、待改进之处、他人提供的改进建议）
修改方案（图文并茂）

（三）定型作品

小组根据作品反思表对作品进行修改、完善，定型作品。

【创意拓展】

一 头脑风暴

磁铁在生活中有哪些创意应用？请各个小组讨论一下，并根据讨论结果画出创意思维导图。

创意思维导图

拓展设计

　　磁铁在生活中的创意应用有很多，小组成员可选择最感兴趣的一项，合作绘制出这个磁铁创意应用的设计图。

创意应用设计图

【评价反思】

 项目自评

　　请根据自己的表现进行自评。自我评价越高，填涂越多磁铁。

项目自评表

评价项目	自评
能与小组成员进行良好的沟通，确定目标计划，并按计划开展活动	∪ ∪ ∪
能通过阅读、询问他人等多途径了解磁铁的相关信息	∪ ∪ ∪
能通过科学探究实验理解磁铁的性质	∪ ∪ ∪
能选择合适的材料和二具，制作出完整的磁铁玩具	∪ ∪ ∪
在展示作品环节，乐于分享制作经验，并与其他小组交流互评，对作品进行反思	∪ ∪ ∪
能对磁铁应用进行创意设想，并画出设计图	∪ ∪ ∪
综合评价	∪ ∪ ∪

二　基础测验

（一）选择题

1. 下列对磁铁的特点描述错误的一项是（　　）。

　　A. 磁铁隔着一些物体也能吸铁。

　　B. 磁铁可以吸引其他磁铁。

　　C. 磁铁只能吸铁。

2. 下列物体中，磁铁可以吸引的是（　　）。

　　A. 铜勺　　　　　　B. 铁夹子　　　　　　C. 木筷子

3. 要尽快拾起掉落在木屑中的回形针，下列方法中，最好采用（　　）。

　　A. 磁铁吸引　　　　B. 手工分拣　　　　　C. 风吹

4. 如果把小钢珠放在条形磁铁的中间，松开手，小钢珠会（　　）。

　　A. 留在中间　　　　B. 掉下来后不动了　　C. 掉下来滚向一端

5. 下列物体中不能够被磁铁吸引的是（　　）。

　　A. 铁钉　　　　　　B. 白纸　　　　　　　C. 磁铁

（二）判断题

1. 隔着一张白纸，磁铁不能吸引铁钉。 （ ）

2. 磁铁不可以隔着一定距离吸引铁。 （ ）

3. 磁铁每一个部位的磁力都一样大。 （ ）

4. 磁铁都是天然形成的。 （ ）

5. 指南针是用磁铁制作的。 （ ）

三 PMIQ 反思

学生完成项目学习后进行 PMIQ 反思，填写下表。

小组名称：		学生姓名：	
项目名称：			
Plus 我已学懂的知识	Minus 我还未学懂的知识	Interest 我还想继续关注的知识	Questions 我仍然存在疑问的知识

三年级 享受设计

热气球设计师

项目简介

本项目以华南师大附小举办百年校庆为情境，开展校庆宣传广告热气球征集活动，启发学生设计并制作广告热气球。学生通过小组讨论确定项目实施目标，并通过阅读研讨等方式了解热气球的信息。经过科学探究，了解热气球的工作原理和影响热气球升空的因素，并按照工程设计流程制作并完善一个能宣传华南师大附小百年校庆的广告热气球。

跨学科学习目标

科学目标	工程目标	技术目标
能用控制变量法进行实验探究，理解热气球升空的原理及影响热气球升空的因素。	能用工程设计的方法制订广告热气球的设计方案；能为制作广告热气球选择合适的材料；能对自制广告热气球进行升空测试，并对作品原型进行迭代更新。	掌握制作广告热气球的技术方法；能根据其设计方案选择恰当的工具制作广告热气球。
数学目标	艺术目标	语言目标
能根据工程设计方案做预算；熟悉时间、承重等方面的数据应用，能进行升空测试并记录与分析测试数据。	广告热气球的宣传元素设计符合百年校庆的要求；对广告热气球的外观要素有一定的鉴赏能力。	能理解和分析阅读材料，了解热气球的相关信息，并能用自己的语言总结并表达。

驱动问题

项目核心驱动问题：

如何设计并制作一个能宣传华南师大附小百年校庆的广告热气球？这个热气球要满足什么要求？

本项目共分五个环节进行，每个环节的问题如下：

环节	问题
问题聚焦	1. 小组要设计一个什么样的广告热气球？ 2. 热气球的发明过程是怎样的？ 3. 热气球的类型和用途有哪些？
科学探究	1. 热气球为什么能升空？ 2. 影响热气球升空的因素有哪些？
设计制作	1. 本项目自制广告热气球的评价标准是什么？ 2. 如何选择制作广告热气球的材料和工具？怎么做成本预算？ 3. 如何设计广告热气球才符合预期目标和评价标准？ 4. 如何进行广告热气球的升空测试？ 5. 如何迭代更新作品？
创意拓展	小组如何进一步改善自制的广告热气球，赋予其更多创意和功能？
评价反思	1. 我在项目实施过程中各方面表现如何？ 2. 我在项目学习中有什么收获？还需要提升哪些方面的能力？

 活动过程

【问题聚焦】

一 **情境问题**

（一）创设真实情境

2022 年，华南师大附小迎来了百年华诞。为了庆祝这一具有里程碑意义的时刻，学校诚挚邀请广大校友回到母校，共同参与这场盛大的庆祝活动，让校友们在重温校园美好时光的同时也能感受到母校日新月异的发展变化。为了更好地宣传这次百年校庆活动，学校决定开展一场别开生面的广告热气球征集活动。希望通过同学们的创意和才华，设计出既喜庆又能展现华南师大附小特色的广告热气球。

华南师大附小百年校庆广告热气球征集活动现已正式启动，欢迎同学们踊跃报名参加。让我们携手共创一个充满欢乐与激情的校庆盛典，为华南师大附小的辉煌历史再添上浓墨重彩的一笔！

（二）提出问题

如何设计并制作一个独具特色的、能宣传华南师大附小百年校庆的广告热气球？在创作时需要考虑哪些关键要素？

二 确定目标

进行小组讨论，确定小组制作的广告热气球要达到的目标，填写目标计划表。

目标计划表

小组名称	
小组成员	

我们的目标

（百年校庆广告热气球的大小、形式，宣传或祝福的图画和文字等。）

三 阅读研讨

热气球的发明

在人类历史的长河中，飞行一直是无数人梦寐以求的愿望。早在古希腊时期，人们就对飞行充满了无限的幻想，进行了许多的探索。然而，人类飞行梦想真正得以实现，要归功于18世纪末期的一项重大发明——热气球。

18世纪，法国孟格菲兄弟开始了他们的实验。他们相信，通过加热空气可以制造出一种能够升空的设备。经过多次试验，他们最终在1782年制作出了一个由麻布和纸制成的热气球原型。

1783年6月4日，孟格菲兄弟进行了历史性的热气球试飞。在里昂安诺内广场，他们放飞了一个无人乘坐的热气球。这个热气球在空中停留了约10分钟，飞行了几千米，这是人类历史上第一次有记录的空中飞行。同年9月19日，孟格菲兄弟再次创造了历史。这次，他们以一只公羊、一只鸭和一只公鸡为乘客，进行了一次成功的载生物飞行。这些动物在飞行一段时间后安全返回地面，证明了热气球载生物飞行的可能性。

小组研讨，完成填空并回答下面的问题。

1. 孟格菲兄弟认为通过_____可以制造出一种能够升空的设备。

2．在1783年9月19日，孟格菲兄弟首次将生物放到热气球上。根据此事件，请将以下图文内容补充完整。

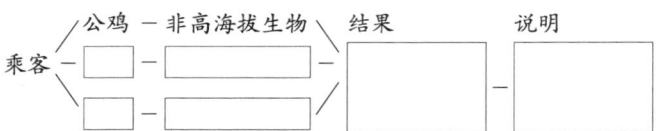

3．请继续查阅资料，概述：现在的热气球有哪些类型和用途？

【科学探究】

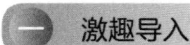 激趣导入

（一）观看视频

观看热气球加热升空的视频，并概述视频内容。

（二）提出科学探究问题

❶热气球升空的原理是什么？

❷影响热气球升空的因素有哪些？

二 实验探索

（一）**探索一** 热气球升空的原理

❶思考并作出假设：加热空气时，空气会怎样运动？

❷设计实验。

材料：纸杯、蜡烛、纸条。

实验过程：

（1）准备2个纸杯，一个在侧面开一个口，一个在底部开一个口。

（2）将蜡烛放在侧面开口的纸杯中，点燃蜡烛，并将底部开口的纸杯倒扣在侧面开口的纸杯上面。

（3）用手感受热空气上升的过程，并使用纸条将热空气上升"可视化"。

温馨提示：注意防烫伤，注意防止火灾。

❸ 按要求做实验，填写实验记录单，进行小组汇报。

实验记录单

	用手感受	我的手感受到＿＿＿＿＿＿＿＿＿＿＿
	纸条情况	我观察到纸条＿＿＿＿＿＿＿＿＿＿＿

结论：空气被加热后，会＿＿＿＿＿＿＿＿＿＿＿＿＿＿＿＿

❹ 研讨解释。

根据探索一的现象和结果等信息，推理出热气球升空的原理。

（二）探索二　影响热气球升空的因素

❶ 思考并作出假设：影响热气球升空的因素有哪些？

❷ 设计实验。

材料：大小、轻重不同的塑料袋，若干蜡烛，圆筒。

实验过程：

运用控制变量法，探究影响热气球升空的相关因素，知道大的、轻的、热源充足的热气球更容易升空。

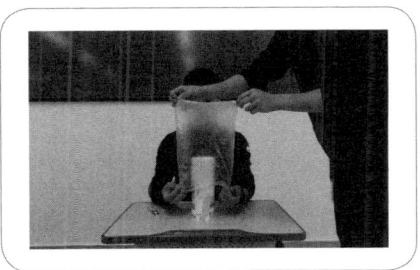

❸ 按要求做实验，填写实验记录，进行小组汇报。

实验记录1：

研究问题：热气球的大小／轻重／热源大小会影响升空吗？（给选择的研究变量打"√"）

选择材料：大塑料袋、小塑料袋、轻塑料袋、重塑料袋、两支蜡烛、一支蜡烛、圆筒（给选择的材料打"√"）

实验步骤：

（1）点燃两支蜡烛，放上圆筒。

（2）分别在给圆筒套上_____和_____，观察它们的升空情况。

（3）我观察到_____。

（4）结论：热气球越_____，越容易升空。

实验记录2：

研究问题：热气球的<u>大小／轻重／热源大小</u>会影响升空吗？（给选择的研究变量打"√"）

选择材料：大塑料袋、小塑料袋、轻塑料袋、重塑料袋、两支蜡烛、一支蜡烛、圆筒（给选择的材料打"√"）

实验步骤：

（1）点燃两支蜡烛，放上圆筒。

（2）分别给圆筒套上_____和_____，观察它们的升空情况。

（3）我观察到_____。

（4）结论：热气球越_____，越容易升空。

实验记录3：

研究问题：热气球的<u>大小／轻重／热源大小</u>会影响升空吗？（给选择的研究变量打"√"）

选择材料：大塑料袋、小塑料袋、轻塑料袋、重塑料袋、两支蜡烛、一支蜡烛、圆筒（给选择的材料打"√"）

实验步骤：

（1）点燃_____，放上圆筒，套上小塑料袋，观察升空情况。

（2）点燃_____，放上圆筒，套上小塑料袋，观察升空情况。

（3）我观察到_____。

（4）结论：热气球的_____，越容易升空。

❹ 研讨解释。

根据探索二的现象和结果等信息，推理出影响热气球升空的因素。

三 总结研讨

（一）探究总结

通过科学探究，我们知道

热气球可以升空的原理是热空气会向上运动，而且其他条件相同时，相对大的、轻的、热源充足的塑料袋更容易升空。

（二）拓展研讨

小组讨论交流：如果要设计一个更加容易升空、载物更多的广告热气球，应该遵循什么原则？

【设计制作】

一 分析产品

观看生活中的热气球照片和视频，分析热气球的组成部分及各部分的功能，了解热气球各部分的主要制作材料。

（一）分条列举热气球的组成部分和各部分的功能

1.＿＿＿＿＿＿＿＿＿＿＿＿＿＿＿＿＿＿＿＿＿

2.＿＿＿＿＿＿＿＿＿＿＿＿＿＿＿＿＿＿＿＿＿

3.＿＿＿＿＿＿＿＿＿＿＿＿＿＿＿＿＿＿＿＿＿

（二）写出热气球的组成部分的名称，并说一说各部分的主要材料是什么

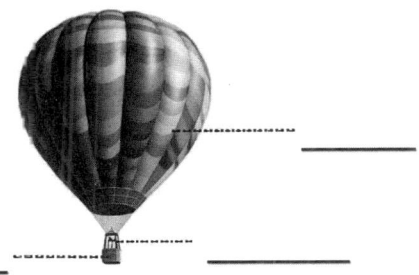

选词填空：球囊、吊篮、燃烧器

二 共研标准

教师与学生一起讨论并确定自制广告热气球的评价指标。以"承重大小、滞空时间、外观设计、成本控制、环保程度"为评价指标制订学生自制广告热气球评分表。

学生自制广告热气球评分表

评价指标	指标含义	评分依据	分值	得分
承重大小	热气球置物篮可放承重物体的个数	每1个小人+5分	0~25	
滞空时间	热气球在空中停留的时间	每30秒+5分	0~25	
外观设计	热气球的外观设计综合评价，包括画面布局、主题表达等	外观设计不完整，画面混乱，没有表达宣传主题，没有呈现关键结构	0~10	
		外观设计较完整，画面较清晰，宣传主题较明确，关键结构呈现不清	11~20	
		外观设计完整，画面清晰且具有艺术性与设计感，宣传主题清晰，能清晰呈现关键结构	21~30	
成本控制	制作热气球的成本控制和节约材料的水平	成本严重超支，浪费材料	0	
		成本超支部分占原始预算的20%及以下	5	
		成本在预算内	10	

（续表）

评价指标	指标含义	评分依据	分值	得分
环保程度	热气球是否可回收、可重复使用	一次使用	0	
		多次使用	10	
总分			0~100	

三 设计方案

（一）初步确定广告热气球的设计

❶ 在互联网上搜索、学习他人广告热气球中球囊、吊篮的外观设计和广告内容形式设计。

❷ 在校园中搜集广告内容设计素材：华南师大附小的标志元素、百年校庆的元素。

❸ 小组讨论，初步确定广告热气球的宣传内容和外观设计。

（二）选择制作广告热气球的材料与工具

根据前面对热气球材料和结构的分析，以及自制广告热气球的设计需求，选择制作热气球的材料和工具，并说明理由。

可供选择的材料：

A. 热气球基础模具　B. 大塑料袋　C. 小塑料袋　D. 细线

E. 回形针　F. 铁丝　G. 固体酒精　H. 蜡烛　Ⅰ.各色彩纸　J. 塑料盒

K. 各色横幅布料　L. 各色丝带　M. 橡皮筋……

可供选择的工具：

A. 剪刀　B. 固体胶　C. 透明胶　D. 双面胶　E. 马克笔……

材料的选择

组成部分	材料（填写字母序号）	理由
球囊		
热源		
热源支架		
吊篮		
其他（宣传设计）		

可能需要用到的工具（填写字母序号）：

_____

_____

（三）绘制广告热气球设计图

❶ 小组合作，结合初步确定的广告热气球的宣传内容、外观和材料，绘制宣传华南师大附小百年校庆的广告热气球设计图。

❷ 汇报交流，每个小组讲解本组广告热气球的设计意图，其他小组从广告热气球的可行性及宣传内容等方面提出建议。

百年校庆广告热气球设计图

从正面看	
从侧面看	
从上面看	

（四）制作广告热气球的项目预算

每个小组有 100 元经费可购买下列材料。除了这些材料，小组还可以根据设计需求自带其他材料，但自带材料的价格也需要列入成本预算表中。

材料清单与价格表

A. 基础模具 30 元／个	B. 大塑料袋 5 元／个	C. 细线＋回形针套装 5 元／套
D. 固体酒精 10 元／个	E. 彩纸 5 元／张	F. 塑料盒 10 元／个
G. 横幅布料 10 元／米	H. 丝带 2.5 元／米	

小组制作广告热气球的成本预算表

材料（填写字母序号）	数量	单价 / 元	总价 / 元
预算总额			

四　物化设计

（一）制作原型

❶ 各小组根据成本预算表购买材料、领取工具。

❷ 小组合作，按设计方案制作热气球原型。

（二）原型测试

小组进行原型测试，填写测试记录表。

广告热气球升空测试记录表

小组名称：	
测试项目	测试结果
能否升空（能 / 否）	
加热时长（秒）	
承重大小（个）	
滞空时间（秒）	
可否实现回收重复使用（可 / 否）	

【备注】

承重测试需在热气球升至天花板后进行。

滞空时间测试：热气球离开地面即开始计时，回到地面即结束计时。

五　交流完善

（一）汇报交流

❶ 小组展示本组制作的广告热气球的升空测试记录表，分析热气球的升空情况，介绍本组的广告热气球的亮点与不足。同时，回答他人提出的问题。

❷ 其他小组专心听汇报，根据汇报内容提出问题及修改建议，发现其亮点，并填写《热气球设计师》成果汇报交流表。

《热气球设计师》成果汇报交流表

小组名称：			
汇报小组	作品亮点	作品有待改进之处	我的疑惑

（二）作品反思

小组根据交流意见与建议填写作品反思表，并迭代更新自己小组的广告热气球的设计方案。

作品反思表

小组名称：		
作品名称：		
作品亮点	待改进之处	他人的改进提议
修改方案（图文并茂）		

（三）定型作品

小组根据作品反思表对作品进行修改、完善，定型作品。

【创意拓展】

一 头脑风暴

自制的广告热气球还可以作何改进？这些改进后的热气球具有什么创意或功能？请小组展开头脑风暴，并根据讨论结果画出创意思维导图。

创意思维导图

二 拓展设计

在创意热气球的思维导图中，选择小组成员最感兴趣的一项，合作绘制这个创意热气球的设计图。

创意热气球设计图

【评价反思】

一 项目自评

请根据自己的表现进行自评。自我评价越高，填涂越多热气球。

项目自评表

评价项目	自评
能与小组成员进行良好的沟通，确定目标计划，并按计划开展活动	🎈🎈🎈
能通过查阅文献、观看视频等多途径了解热气球的相关信息	🎈🎈🎈
能通过科学探究实验理解热气球升空的原理及其影响因素	🎈🎈🎈
能根据校庆宣传需求和华南师大附小标志元素、百年校庆元素等完成广告热气球的设计	🎈🎈🎈
能选择合适的材料和工具，制作出可成功升空的广告热气球	🎈🎈🎈
在展示作品环节，乐于分享创作经验，并与其他小组交流互评，对作品进行反思	🎈🎈🎈
能对广告热气球进行创意设想，并画出设计图	🎈🎈🎈
综合评价	🎈🎈🎈

二 基础测验

（一）选择题

1. 加热塑料袋时需要在蜡烛外面套一个圆筒，是为了（　　）。

　　A．让空气进入塑料袋　　　B．快速加热　　　C．防止蜡烛被风吹灭

2. 塑料袋中的空气被加热了好久，塑料袋也没有上升的迹象，我们可以采取下列措施中的（　　）。

　　A．换一个轻一点的塑料袋　　B．把圆筒拿掉　　C．继续等待加热

3. 塑料袋成功升空后，下列说法正确的是（　　　）。

    A．塑料袋会一直飘在空中

    B．塑料袋飘在空中，过一会儿会落下来

    C．塑料袋上升一小段距离后马上就会落下来

4. 以下哪个部分被称为热气球的"心脏"？（　　　）

    A．球囊　　　　　B．燃烧器　　　　　C．燃烧器支架

5. 以下材料最适合用于制作燃烧器支架的是（　　　）。

    A．木　　　　　B．塑料　　　　　C．金属

（二）判断题

1. 热气球和孔明灯升空利用的是相同的原理。　　　　　　　　（　　　）

2. 只要加热物体里面的空气，物体就会上升。　　　　　　　　（　　　）

3. 炒菜时的热气是向四面八方飘散的。　　　　　　　　　　　（　　　）

4. 夏天天气很热，室内开空调时，冷空气在高处，热空气在低处。（　　　）

5. 夏天天气很热，气温很高，因此不需要加热孔明灯或热气球里面的空气，其也能升上天空。　　　　　　　　　　　　　　　　　　（　　　）

三　PMIQ 反思

学生完成项目学习后进行 PMIQ 反思，填写下表。

小组名称：		学生姓名：	
项目名称：			
Plus 我已学懂的知识	Minus 我还未学懂的知识	Interest 我还想继续关注的知识	Questions 我仍然存在疑问的知识

过山车设计师

📖 项目简介

本项目以春季研学活动为情境，学生将扮演过山车设计师的角色，通过实践活动和团队合作来设计、建造并运行测试自己的过山车。这个项目旨在帮助学生理解关于物体运动的基本概念，同时培养他们的创造力、解决问题的能力和团队协作精神。

👨‍🏫 跨学科学习目标

科学目标	工程目标	技术目标
能正确描述物体的位置和物体的运动路线；能运用控制变量法比较物体运动的快慢。	能够运用工程设计流程，从草图到最终实现，设计并制作出符合要求的过山车；能够通过测试和调整来优化过山车。	能够根据自己的设计图，使用简单工具和材料制作过山车。

数学目标	艺术目标	语言目标
能够运用测量和计算技能来确定过山车的尺寸和轨道长度；能够根据过山车的设计图，想象出其三维形态。	在设计过程中有美学意识，使过山车具有吸引人的外观和独特的风格。	能够通过口头和书面形式清晰地表达自己的设计理念，并能够有效地进行项目作品介绍。

⏰ 驱动问题

项目核心驱动问题：

  如何设计制作一个既刺激又安全的过山车？

本项目共分五个环节进行，每个环节的问题如下：

环节	问题
问题聚焦	1. 小组要设计什么样的过山车？ 2. 过山车有哪些类型？
科学探究	1. 运动的物体有哪些不同的路线？ 2. 如何比较在距离相同的情况下物体运动的快慢？ 3. 如何比较在时间相同的情况下物体运动的快慢？ 4. 坡度的变化对物体运动速度有什么影响？
设计制作	1. 本项目自制过山车的评价标准是什么？ 2. 如何选择制作过山车的材料和工具？ 3. 如何设计过山车才符合预期目标和评价标准？ 4. 如何进行过山车的运行测试？
创意拓展	水上过山车是什么样子的？
评价反思	1. 我在本项目实践中表现如何？ 2. 我掌握了哪些关于过山车与工程设计的基础知识？ 3. 我在项目学习中有什么收获？还需要提升哪些方面的能力？

活动过程

【问题聚焦】

一 情境问题

（一）创设真实情境

春意盎然，学校开展了大家期望已久的春季研学活动，同学们在儿童乐园里玩得很开心。第二天返校，整个教室仍充满开心的气氛，大家都在分享自己前一天玩了哪些好玩的项目。但有一位同学一直闷闷不乐，原来他因为生病未能参加前一天的春季研学，不能感受到大家的快乐。老师了解情况后，为了弥补这位同学的遗憾，提议大家化身为"过山车设计师"，设计并制作出既刺激又安全的过山车，让这位同学感受到集体的温暖与关爱。

（二）提出问题

如何设计制作一个既刺激又安全的过山车？在制作时需要考虑哪些关键要素？

二 确定目标

进行小组讨论，确定小组制作的过山车要达到的目标，填写目标计划表。

目标计划表

小组名称	
小组成员	

我们的目标

（过山车的轨道设计：轨道长度、高度、场景设计等。）

三 阅读研讨

过山车

过山车这一机动游乐设施，自游乐园兴起以来便广受游客欢迎。尽管其带来的刺激体验令人心跳加速，但实质上，它是一项经过精心设计和严格测试的安全设施。

回顾过山车的发展历程，早期的过山车主要由传统的木质材料构成。随着技术的不断进步，如今的过山车家族已扩展至约30种不同的类型，包括金属过山车、悬挂式过山车、竖立式过山车、穿梭式过山车及矿山式过山车等。

在大多数过山车的设计中，车厢的轮子采用了一种类似于列车轮子的凸缘设计。这种设计使车厢在行驶过程中能够紧密贴合轨道，防止其滚落到轨道外部。同时，车厢还配备了另一组轮子或安全杆，它们在轨道下方滚动，确保车厢在高速运动时不会脱轨。

20世纪50年代，钢管轨道的引入为过山车带来了革命性的变革。这种轨道由一对长钢管组成，支撑这些钢管的是一个坚固且轻量的上层结构，通常由比轨道钢管稍粗的钢管或梁搭建而成。在钢制过山车中，列车车轮一般由聚亚安酯或尼龙制成，以提供足够的摩擦力和增强耐用性。除了传统的车轮外，车厢还配备了其他轮子，分别运行于轨道的底部和侧面，使车厢在各种轨道形态下都能保持稳定。

相较于木质轨道，钢管轨道的制造过程更为精细。它们由曲线形的大型模块预制而成，通过先进的钢制造工艺实现平滑的曲线过渡，使过山车能够沿轨道在各个方向上流畅地运动。此外，钢制轨道的各个部件经过精确的焊接和组装，确保了车体能平稳运行，消除了在木质过山车运行中常见的接头噪声和停顿感。

小组研讨，完成填空并回答下面的问题。

1. 钢管轨道是由_____组成的，支撑这些钢管的是_____，是由_____搭建而成的。

2. 说一说：木质过山车与钢质过山车有什么不同？

3. 分享一下：你游玩过的过山车的类型有哪些？玩的过程中有什么感受？

【科学探究】

一 激趣导入

（一）观看视频

观看关于各种类型的过山车的视频，并概述视频内容。

（二）提出科学探究问题

1 物体的运动有哪些不同的路线？

2 如何比较在距离相同的情况下物体运动的快慢？

3 如何比较在时间相同的情况下物体运动的快慢？

4 坡度的变化对物体运动速度有什么影响？

二 实验探索

（一）探索一　击球活动

1 思考并作出假设：在直线轨道和曲线轨道上击球，球的运动路线有什么不同？

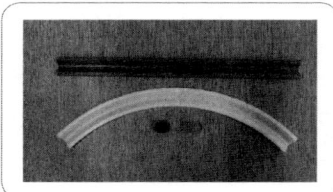

2 设计实验。

材料：直线轨道、曲线轨道、红球、白球。

实验过程：

（1）将白球和红球放在直线轨道两端，用白球击打红球，观察白球的运动路线，并画一画。

（2）将白球和红球放在曲线轨道两端，用白球击打红球，观察白球的运动路线，并画一画。

（3）比较两种轨道中白球的运动路线有什么不同。

3 按要求做实验，填写实验记录单，进行小组汇报。

（1）用线条和箭头画出两种轨道中白球的运动路线。

实验记录单

（2）在方框（□）内画"√"表示你对小球运动形式的判断。

我发现：小球在直线轨道中做：□直线运动　□曲线运动

小球在曲线轨道中做：□直线运动　□曲线运动

4 研讨解释。

根据探索一的现象和结果等信息，认识直线运动和曲线运动。

（二）**探索二** 比较在距离相同的情况下物体运动速度的快慢

❶ 思考并作出假设：运动距离相同时，如何比较物体运动速度的快慢？

❷ 设计实验。

材料：两条长度相同的直线轨道、泡沫球、橡胶球、秒表。

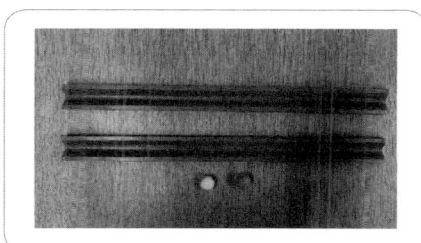

实验过程：

（1）将两条相同的轨道一端垫出一样的高度，形成斜坡，在轨道同一位置画上起点。

（2）分别将两个小球放在起点，并同时释放。

（3）观察并记录两个小球到达终点的先后顺序，记录两个小球到达终点的时间。

（4）重复以上实验3次。

❸ 按要求做实验，填写实验记录单，进行小组汇报。

实验记录单

项目		到达终点的时间 / 秒		
		第1次	第2次	第3次
小球类型	塑料球			
	橡胶球			
结果		_____球先到达终点	_____球先到达终点	_____球先到达终点

我的发现：运动相同的距离，时间_____（长／短），物体运动速度快；时间_____（长／短），物体运动速度慢。

❹ 研讨解释。

根据探索二的现象和结果等信息，认识到运动相同的距离，用时越短，物体运动越快；用时越长，物体运动越慢。

（三）**探索三** 比较在时间相同的情况下物体运动速度的快慢

❶ 思考并作出假设：运动时间相同，如何比较物体运动速度的快慢？

❷ 设计实验

材料：秒表、软尺。

实验过程：

（1）同时出发比快慢：两位同学听口令同时出发，沿着不同方向的直线运动，用脚跟接脚尖的方式行走，听到第2次口令时停止走动，用软尺分别测量运动的距离并记录数据，重复实验并记录。

（2）不同地点不同时出发比快慢：两名同学听口令从不同地点，不同时出发，运动时长都为10秒。用软尺分别测量运动的距离并记录数据，重复实验并记录。

❸ 按要求做实验，填写实验记录单，进行小组汇报。

同时出发比快慢实验记录单

学生	行走距离 / 厘米	运动快慢
学生 A		
学生 B		

不同地点不同时出发比快慢实验记录单

学生	用时 10 秒行走的距离 / 厘米	运动快慢
学生 A		
学生 B		

我的发现：运动相同的时间，距离_____（远／近），物体运动速度快；距离_____（远／近），物体运动速度慢。

❹ 研讨解释。

根据探索三的现象和结果等信息，认识到运动相同的时间，运动距离越远，物体运动速度越快；运动距离越近，物体运动速度越慢。

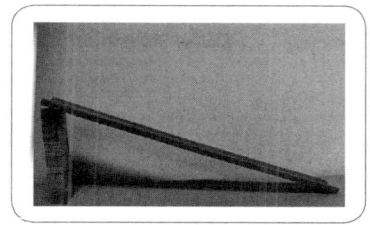

（四）探索四 坡度大小对物体运动速度的影响

❶ 思考并作出假设：当轨道长度相等时，坡度的变化对物体运动速度有什么影响？

❷ 设计实验。

材料：直线轨道、小球、秒表、小木块。

实验过程：

（1）按上图所示将6个小木块叠起来，形成一个立柱。

（2）将直线轨道斜靠在木块上，形成坡度1。

（3）将小球从轨道的最高点轻轻放下，记录小球从最高点到达最低点所用的运动时间，将这个过程重复3次。

（4）依次将木块数减少到4块、2块，分别形成坡度2、坡度3，分别重复上述实验3次。

❸ 按要求做实验，填写实验记录单，进行小组汇报。

实验记录单

坡度	第1次/秒	第2次/秒	第3次/秒
坡度1			
坡度2			
坡度3			

我的发现：当轨道长度相等时，坡度越小，物体运动速度越_____（快／慢）；坡度越大，物体运动速度越_____（快／慢）。

❹ 研讨解释。

根据探索四的现象、结果等信息可知，当轨道长度相等时，坡度越小，物体运动速度越慢；坡度越大，物体运动速度越快。

三 总结研讨

（一）探究总结

通过科学探究，我们知道

1. 根据运动路线的不同，物体的运动分为直线运动和曲线运动。

2. 运动相同的距离，可以用比较运动时间长短来比较运动速度快慢：用时短，运动速度快；用时长，运动速度慢。

3. 运动相同的时间，可以用比较运动距离远近来比较运动速度快慢：距离远，运动速度快；距离近，运动速度慢。

4. 当轨道长度相等时，坡度越小，物体运动速度越慢；坡度越大，物体运动速度越快。

（二）拓展研讨

讨论交流：通过科学探究能给我们设计一个既刺激又安全的过山车带来什么启示？

【设计制作】

一 分析产品

观看现实中的过山车的照片和视频，分析过山车的组成部分及各部分的功能，了解过山车各部分的主要制作材料。

（一）分条列举过山车的组成部分及各部分的功能

1. ＿＿＿＿＿＿＿＿＿＿＿＿＿＿＿＿＿＿＿＿＿＿＿＿＿＿＿

2. ＿＿＿＿＿＿＿＿＿＿＿＿＿＿＿＿＿＿＿＿＿＿＿＿＿＿＿

（二）写出过山车的组成部分的名称，并说一说各部分的主要材料

选词填空：轨道、支柱

二 共研标准

教师与学生一起讨论并确定自制过山车的评价指示。以"轨道长度、坡度、完整性、外观设计、牢固性、成本控制"为评价指标制订学生自制过山车评分表。

学生自制过山车评分表

评价指标	指标含义	评分依据	分值	得分
轨道长度	轨道长度	<2 米	0	
		≥2 米	15	
坡度	轨道与水平面的最大夹角	20°~45°	5	
		>45°	15	
完整性	小球能否走完轨道全程	小球能走完轨道半程	10	
		小球能走完轨道全程	20	
外观设计	过山车外观设计能否宣传主题与展示关键结构	外观设计没有宣传主题，没有展示关键结构	0~10	
		外观设计宣传主题较明确，关键结构展示不清	11~20	
		外观设计具有艺术性与设计感，宣传主题清晰，能清晰展示关键结构	21~30	
牢固性	测试时过山车轨道的牢固程度	小球行进时轨道摇晃	0	
		小球行进时轨道稳固	10	
成本控制	制作过山车的成本控制与节约材料的水平	成本严重超支，浪费材料	0	
		成本超支部分占原始预算的10%及以下	5	
		成本在预算内	10	
总分			0~100	

三 设计方案

（一）初步确定过山车的设计

❶ 学习游乐园中过山车的轨道、支柱、场地的结构设计。

❷ 小组讨论，初步确定过山车整体的外观设计。

（二）选择制作过山车的材料与工具

根据前面对过山车材料和结构的分析，以及自制过山车的设计需求，选择制作过山车的材料和工具，并说明理由。

可供选择的材料：

A. 硬纸板　B. PVC 管　C. 泡沫保温管　D. 一次性筷子　E. 细线

F. 橡皮筋　G. 铝丝　H. 塑料球　I. 橡胶球　J. 扎带　K. 塑料假山

L. 塑料假树　M. 塑料假花　N. 塑料假草　O. 超轻黏土……

可供选择的工具：

A. 剪刀　B. 固体胶　C. 透明胶　D. 双面胶　E. 马克笔　F. 热熔胶枪……

材料的选择

组成部分	材料（填写字母序号）	理由
轨道		
支柱		
场地		
其他（外观设计）		

可能需要用到的工具（填写字母序号）：

_____

_____

（三）绘制过山车设计图

❶ 小组合作，结合初步确定的外观和材料，绘制过山车的设计图。

❷ 汇报交流，每个小组讲解本组过山车的设计意图，其他小组从过山车的可行性及场地主题等方面提出建议。

过山车设计图

从上面看	
从侧面看	
轨道长度／厘米	

（四）制作过山车的项目预算

每个小组有 100 元经费可购买下列材料。除了这些材料，小组还可以根据设计需求自带其他材料，但自带材料的价格也需要列入成本预算表中。

材料清单与价格表

A. 硬纸板 10 元／个	B. PVC 管 10 元／米	C. 泡沫保温管 10 元／米
D. 一次性筷子 2 元／双	E. 细线 10 元／捆	F. 橡皮筋 1 元／个
G. 铝丝 10 元／捆	H. 塑料球 3 元／个	I. 橡胶球 3 元／个
J. 扎带 1 元／根	K. 塑料假山 10 元／座	L. 塑料假树 5 元／棵
M. 塑料假花 2 元／朵	N. 塑料假草 2 元／份	O. 超轻黏土 20 元／套

小组制作过山车的成本预算表

材料（填写字母序号）	数量	单价/元	总价/元
预算总额			

四 物化设计

（一）制作原型

❶ 各小组根据成本预算表购买材料，领取工具。

❷ 小组合作，按设计图制作过山车。

（二）原型测试

小组进行原型测试，填写测试记录表。

过山车测试记录表

小组名称：

测试项目	测试结果
轨道长度／厘米	
坡的垂直高度／厘米	
有无直线轨道和曲线轨道（有／无）	
小球是否走完了全程（是／否）	
小球的运动时间／秒	

五 交流完善

（一）汇报交流

❶ 小组展示自己的过山车测试记录表，分析过山车的情况，介绍本组的过山车的亮点与不足。同时，回答他人提出的问题。

❷ 其他小组专心听汇报，根据汇报内容提出问题及修改建议，发现其亮点，并填写《过山车设计师》成果汇报交流表。

《过山车设计师》成果汇报交流表

小组名称：

汇报小组	作品亮点	作品有待改进之处	我的疑惑

（二）作品反思

小组根据交流意见与建议填写作品反思表，并迭代更新自己小组的过山车设计方案。

作品反思表

小组名称：		
作品名称：		
作品亮点	待改进之处	他人的改进提议
修改方案（图文并茂）		

（三）定型作品

小组根据作品反思表对作品进行修改、完善，定型作品。

【创意拓展】

一　头脑风暴

大家见过水上过山车吗？一个结合音乐、灯光和水的过山车是怎样的？我们可以大胆地把过山车轨道设计在水中，并配置华丽的灯光、烟雾，让乘客感受到一个既神秘又刺激的环境。请各个小组围绕"神秘的水上过山车"展开讨论，并根据讨论结果画出创意思维导图。

创意思维导图

二　拓展设计

在"神秘的水上过山车"的创意思维导图中，选择小组成员最感兴趣的部分，合作绘制出这个水上过山车的设计图。

水上过山车设计图

【评价反思】

一　项目自评

请根据自己的表现进行自评。自我评价越高，填涂越多星星。

项目自评表

评价项目	自评
能与小组成员进行良好的沟通，确定目标计划，并按计划开展活动	☆☆☆
能通过查阅资料、观看视频等多途径了解过山车的相关信息	☆☆☆
能通过科学探究实验理解关于物体运动的基本概念	☆☆☆
能选择合适的材料和工具，制作出既刺激又安全的过山车	☆☆☆
在展示作品环节，乐于分享制作经验，并与其他小组交流互评，对作品进行反思	☆☆☆
能对水上过山车进行创意设想，并画出设计图	☆☆☆

（续表）

评价项目	自评
综合评价	☆ ☆ ☆

二 基础测验

（一）选择题

1. 过山车在运行过程中，乘客会有强烈的刺激感。这主要是因为（　　）。

    A. 过山车速度很快

    B. 过山车有很多弯道

    C. 过山车有高低起伏的轨道

    D. 所有以上原因

2. 过山车在上坡时，乘客会感觉到（　　）。

    A. 向后倾斜　　B. 向前倾斜　　C. 左右摇晃　　D. 静止不动

3. 过山车的组成部分有（　　）。

    A. 直线轨道　　B. 曲线轨道　　C. 支柱　　　　D. 以上都有

4. 过山车的轨道设计成圆圈形，是因为（　　）。

    A. 圆圈形轨道更稳定

    B. 圆圈形轨道更安全

    C. 圆圈形轨道更有刺激感

    D. 所有以上原因

5. 过山车在运行过程中，乘客的身体会受到以下哪些力的作用？（　　）

    A. 重力　　　　B. 离心力　　　C. 摩擦力　　　D. 以上所有力

（二）判断题

1. 过山车在上坡时速度较慢，而在下坡时速度较快。　　　　　　（　　）

2. 过山车的座椅通常设计有安全带和扶手，这是为了增加乘客的安全感。

    （　　）

3. 过山车运行时，如果天气炎热，轨道会因为热胀而变长。　　（　　）

4. 过山车上的每个弯道设计都完全相同，以确保乘客体验一致。（　　）

5. 过山车的设计只需要考虑趣味性，安全性不是首要考虑因素。　　（　　）

三　PMIQ 反思

学生完成项目学习后进行 PMIQ 反思，填写下表。

小组名称：		学生姓名：	
项目名称：			
Plus 我已学懂的知识	Minus 我还未学懂的知识	Interest 我还想继续关注的知识	Questions 我仍然存在疑问的知识

小乐器，大创意

📖 项目简介

> 本项目以学校准备举办一次独特乐器展为情境，激发学生们尝试使用一些废弃物和常见物品制作乐器的热情，实现变废为宝。本项目旨在让学生在通过科学探究掌握基本的声学知识后，利用工程设计流程设计并制作一个美观且具有良好演奏表现的乐器，以此培养学生的科学探究能力和实践动手能力，最后在乐器展示中表现个人和团队的艺术才华。

👨‍🏫 跨学科学习目标

科学目标	技术目标	工程目标	数学目标
了解声音的产生与传播原理；探究影响声音强弱、高低的因素。	能使用简单的工具和材料制作乐器，如剪刀、胶带、废弃材料等。	能按照工程设计流程制作独特乐器，包括材料选择、制作过程及测试改进。	能进行测量和计算，了解不同乐器关键部位的大小、长短对乐器声音的影响；能运用数学概念，如比例和比较分析，设计和改变乐器的音调和音色。

艺术目标	语言目标	人文目标
能装饰和美化自制乐器，展示个人风格和创意；培养审美能力，通过音乐创作和演奏展示个人和团队的艺术才华。	能通过讲述的方式表达自己对乐器制作过程的理解；加强阅读理解能力，通过阅读资料，获取和应用信息。	了解音乐和乐器在文化传承中的重要性，培养对音乐文化的鉴赏能力。

⏱ 驱动问题

项目核心驱动问题：

如何设计并制作一个美观且具有良好演奏表现的乐器？

本项目共分五个环节进行，每个环节的问题如下：

环节	问题
问题聚焦	1. 我们要制作一个什么样的乐器？ 2. 如何确定自制乐器的目标和要求？
科学探究	1. 声音是怎样产生的？ 2. 影响声音强弱的因素有哪些？ 3. 影响声音高低的因素有哪些？
设计制作	1. 自制乐器的评价标准是什么？ 2. 如何选择合适的材料和工具来完成自制乐器的设计与制作？ 3. 自制乐器是否达到了小组的设计目标？
创意拓展	如何将乐器设计和生活中的物体相结合？
评价反思	1. 我在项目实践过程中表现如何？ 2. 我掌握了哪些关于自制乐器与工程设计的基础知识？ 3. 我在制作过程中遇到了哪些困难和挑战？是如何解决的？

活动过程

【问题聚焦】

一　情境问题

（一）创设真实情境

在独特乐器展上，乐器制作大师向大家展示了一些神奇的乐器，有的乐器是由树叶和竹子编织而成的，有的则是由废旧金属和塑料瓶制作而成的。使用它们能演奏出不同风格的音乐，有的悠扬动听，有的低沉庄严。大家的好奇心被极大地激发起来，都想知道这些乐器是如何制作出来的，它们又是如何发出这样美妙的声音的。乐器制作大师邀请大家加入他的工作坊，一起学习和制作属于自己的乐器，开始一段奇妙的乐器制作之旅。

现在，你们准备好开始这段奇妙的旅程了吗？让我们一起探索和实践，制作出属于我们自己的独特乐器，让我们的音乐世界更加丰富多彩！

（二）提出问题

如何设计并制作一个美观且具有良好演奏表现的乐器？

二 确定目标

进行小组讨论，确定小组的自制乐器要达到的目标，填写目标计划表。

目标计划表

小组名称	
小组成员	

我们的目标

（乐器的种类、材料、外观等。）

三 阅读研讨

乐器的起源与发展

乐器的起源和发展历程是一个复杂且漫长的过程，涉及多个文化和历史时期。人类早期的乐器主要由自然材料制成，如贝壳、动物骨骼等，人们通过敲击、摩擦或吹拂这些物体产生声音。

古王国时期（公元前2686—前2181年），古埃及已经能够制造出打击乐器，如手鼓和木琴。西周时期的中国（公元前11世纪）确立了"八音"的分类法，其中以古琴为重要的独奏乐器。

古代的乐器

文明古国如古埃及、古巴比伦、中国、古印度等拥有丰富的乐器遗产。古埃及有"象牙小号"，古巴比伦有古巴比伦琴，中国有古琴，古印度则有多种民族乐器。

秦汉隋唐时期（公元前221—907年），随着中外文化的交流，乐器的种类和制作技术得到了进一步发展。

中世纪与文艺复兴时期的乐器

中世纪（5—15世纪）和文艺复兴时期（14—17世纪），民间音乐和宫廷音乐得到了极大发展，同时出现了多种宗教音乐和民间乐器。

文艺复兴时期的音乐艺术鼎盛，乐器的多样性和制作技术的提高使得音乐表演更加精彩。

近现代与当代的乐器

18世纪末，钢琴因其美丽的音色而被人们广泛接受。

20世纪，电子技术和新型材料的开发创造了更多的新型乐器，如合成器和鼓机。

小组研讨，完成填空并回答下面的问题。

1. 人类早期的乐器主要由自然材料制成，如贝壳、动物骨骼等，通过_____产生声音。

2. 西周的中国（公元前11世纪）确立了"八音"的分类法，其中以_____为重要的独奏乐器。

3. 文明古国如古埃及、古巴比伦、中国、古印度等拥有丰富的乐器遗产，这些地方具体有哪些乐器呢？请列举其中至少三种乐器。

4. 说一说：近现代与当代的乐器有哪些发展和创新？

【科学探究】

一 激趣导入

（一）观看视频

观看奥地利蔬菜乐队的演奏视频，并概述视频内容。

（二）提出科学探究问题

❶ 声音是怎样产生的？

❷ 影响声音强弱的因素有哪些?

❸ 影响声音高低的因素有哪些?

二　实验探索

（一）探索一　声音的产生

❶ 思考并作出假设：声音是怎样产生的?

❷ 设计实验。

材料：皮筋、钢尺、鼓。

实验过程：

使皮筋、钢尺、鼓单独发声，并观察物体发声时的现象。

❸ 按要求做实验，填写实验记录单，进行小组汇报。

实验记录单

问题	材料		
	皮筋	钢尺	鼓
我是怎样让它发出声音的?			
发出声音时我看到物体发生了什么变化?（用图表示）			

❹ 研讨解释。

根据探索一所观察到的现象，推理出声音产生的条件。

（二）探索二　影响声音强弱的因素

❶ 思考并作出假设：影响声音强弱的因素有哪些?

❷ 设计实验。

材料：钢尺。

实验过程：

把钢尺伸出桌面 10 厘米，分别对钢尺进行轻轻拨动和用力拨动，对比钢

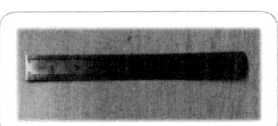

尺两次发出声音的不同。

❸ 按要求做实验，填写实验记录单，进行小组汇报。

实验记录单

活动	振幅大小（可画图表示）	声音强弱
轻轻拨动钢尺		
用力拨动钢尺		

❹ 研讨解释。

根据探索二所观察到的现象，推理出影响声音强弱的因素。

（三）探索三 影响声音高低的因素

❶ 思考并作出假设：影响声音高低的因素有哪些?

❷ 设计实验

材料：钢尺、尤克里里、燕尾夹。

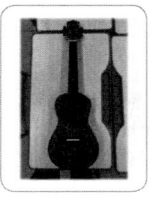

实验过程：

实验一：

（1）把钢尺伸出桌面13厘米进行拨动，观察钢尺发出的声音及振动的快慢。

（2）钢尺伸出桌面长度依次递减为10厘米、7厘米、4厘米，重复以上实验。

实验二：

（1）在尤克里里上从左往右依次对4根弦进行弹拨，对比观察尤克里里4根弦发出的声音。

（2）选择其中一根弦，用燕尾夹改变弦振动部分的长短并

进行弹拨，对比观察尤克里里发出的声音。

 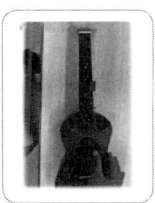 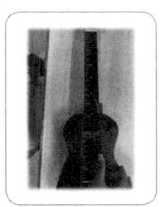

（3）改变同一根弦的松紧程度，反复试弹，对比观察尤克里里所发出的声音。

❸ 按要求实验，填写实验记录单，进行小组汇报。

实验一记录单

尺子的长度 / 厘米	声音的高低（高 / 较高 / 较低 / 低）	振动的快慢（快 / 较快 / 较慢 / 慢）
13		
10		
7		
4		

实验二记录单 1

项目	弦 1	弦 2	弦 3	弦 4
声音高低（高 / 较高 / 较低 / 低）				
弦的粗细（粗 / 较粗 / 较细 / 细）				

我们发现：拨动不同的弦，弦发出声音的高低和弦的粗细_____（有关 / 无关），弦越粗，发出的声音越_____；弦越细，发出的声音越_____。

实验二记录单 2

项目	弦振动部分的长度		
	长	中	短
声音高低（高 / 中 / 低）			

我们发现：拨动同一根弦，弦发出声音的高低和弦振动部分的长短_____（有关／无关），振动部分的弦越长，发出的声音越_____；振动部分的弦越短，声音越_____。

实验二记录单 3

弦的松紧	紧	较紧	较松	松
声音高低（高／较高／较低／低）				

我们发现：弦发出声音的高低和弦的松紧_____（有关／无关），弦越紧，发出的声音越_____；弦越松，发出的声音越_____。

❹ 研讨解释。

根据探索三的结果，总结影响声音高低的因素。

三 总结研讨

（一）探究总结

> **通过科学探究，我们知道**
>
> 1.声音是由物体的振动产生的。
> 2.物体振动的幅度越大，发出的声音越强；振动的幅度越小，发出的声音越弱。
> 3.物体振动得越快，发出的声音越高；振动得越慢，发出的声音越低。

（二）拓展研讨

研讨交流：如果要设计制作一个美观且具有良好演奏表现的乐器，我们要从哪些方面入手？

【设计制作】

一 分析产品

观看生活中常见乐器的照片和视频，分析其组成部分及各部分的功能，了解常见乐器各部分的主要制作材料。

（一）分条列举尤克里里的组成部分及各部分的功能

1. _____

2. _____

3. _____

（二）写出尤克里里各部分的名称

选词填空：琴头、弦、共鸣箱

（三）分条列举排箫的组成部分及各部分的功能

1. _____

2. _____

3. _____

（四）写出排箫各部分的名称

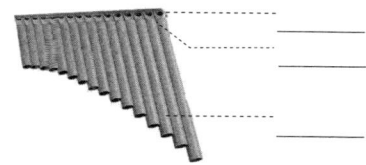

选词填空：吹口、箫管、管间连接

三 共研标准

教师与学生一起讨论并确定自制乐器的评价指标。以"创新性、易用性、音质效果、制作工艺、结构稳定性"为评价指标制订学生自制乐器评分表。

学生自制乐器评分表

评价指标	指标含义	评分依据	分值	得分
创新性	乐器设计的独特性和创意程度	乐器设计缺乏创新性，与生活中已有乐器高度雷同	0~10	
		设计方面有创意，与生活中已有乐器相似	11~15	
		设计独特、富有创意，与生活中已有乐器不同，有显著亮点	16~20	
易用性	乐器的演奏和操作体验	乐器难以演奏和操作，体验较差	0~10	
		乐器可演奏和操作，但存在一些不便之处	11~15	
		乐器易于演奏和操作，体验良好	16~20	
音质效果	乐器发出的声音的清晰度、饱满度等	乐器发出的声音清晰度较低，音色不饱满，音质较差，给人带来不愉快的听觉体验	0~10	
		乐器发出的声音较为清晰，音色饱满度一般，有一定的音质表现，但仍有提升空间	11~15	
		乐器发出清晰、饱满的声音，具有出色的音质表现	16~20	
制作工艺	乐器制作的精细程度和材料选择的合理性	乐器制作工艺粗糙或过于简单，材料选择不合理	0~10	
		乐器制作工艺基本合理，材料选择合理性一般	11~15	
		乐器制作工艺精细，材料选择恰当	16~20	
结构稳定性	乐器结构的稳定性和耐用性	乐器的结构不够稳定，制作材料较脆弱，容易出现故障	0~10	
		乐器的结构比较稳定，制作材料较坚固，在正常使用情况下耐用性较好	11~15	
		乐器的结构非常稳定，制作材料坚固耐用，可以长期使用，耐用性好	16~20	
总分			0~100	

三 设计方案

（一）初步确定自制乐器的设计

❶ 进一步了解我们所选乐器的种类及各组成部分的材料。

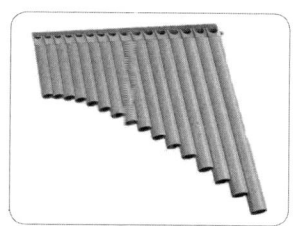 

❷ 小组讨论，初步确定自制乐器的种类和外观。

（二）选择自制乐器的材料与工具

根据前面对常见乐器的材料和结构的分析，以及自制乐器的设计需求，选择制作乐器的材料和工具，并说明理由。

可供选择的材料：

A.塑料吸管 B.PVC管 C.瓦楞纸板 D.木板 E.螺丝钉

F.卡纸 G.细线 H.弹力带 I.橡皮筋……

可供选择的工具：

A.锤子 B.螺丝刀 C.锉刀 D.锯子 E.剪刀 F.固体胶

G.透明胶 H.双面胶 I.热熔胶枪 J.马克笔 K.刻度尺……

材料的选择

我们选择的乐器种类：		
组成部分	材料（填写字母序号）	理由

可能需要用到的工具（填写字母序号）：

（三）绘制自制乐器设计图

❶ 小组合作，结合初步确定的乐器种类、外观和材料，绘制自制乐器设计图。

❷ 汇报交流，每个小组讲解本组的乐器的设计思路，其他小组从乐器的可行性及预期的演奏效果等方面提出建议。

自制乐器设计图

从正面看	
从侧面看	

我们的乐器是通过＿＿＿＿＿＿＿振动发出声音的
我们通过改变＿＿＿＿＿＿＿，使乐器发出高低不同的声音

（四）制作乐器的项目预算

每个小组有 100 元经费可购买下列材料。除了这些材料，小组还可以根据设计需求自带其他材料，但自带材料的价格也需要列入成本预算表中。

材料清单与价格表

A．塑料吸管 6 元／厘米	B．PVC 管 12 元／厘米	C．瓦楞纸板 10 元／块
D．木板 16 元／块	E．螺丝钉 4 元／根	F．卡纸 2 元／张
G．细线 2 元／厘米	H．弹力带 4 元／根	I．橡皮筋 2 元／根

小组自制乐器的成本预算表

材料（填写字母序号）	数量	单价／元	总价／元
预算总额			

四 物化设计

（一）制作原型

❶ 各小组根据成本预算灵购买材料，领取工具。

❷ 小组合作，按设计图制作乐器。

（二）原型测试

小组进行原型测试，填写测试记录表。

自制乐器基础功能测试记录表

小组名称：	
测试项目	测试结果（优/良/及格）
音调测试	
音质测试	
简易演奏测试	
稳定性测试	

【备注】

音调测试：测试乐器发出声音音调的准确性。

音质测试：评估乐器发出声音的音质表现。

简易演奏测试：测试学生简单地演奏几个音或乐曲段落的效果。

稳定性测试：评估乐器的稳定性和耐用性，确保在使用过程中乐器不会被轻易损坏或出现松动现象。

五 交流完善

（一）汇报交流

❶ 小组展示自己的基础功能测试记录表，分析自制乐器的整体情况，介绍本组自制乐器的亮点与不足。同时，回答他人提出的问题。

❷ 其他小组专心听汇报，根据汇报内容提出问题及修改建议，发现其亮点，并填写《小乐器，大创意》成果汇报交流表。

《小乐器，大创意》成果汇报交流表

小组名称：			
汇报小组	作品亮点	作品有待改进之处	我的疑惑

（二）作品反思

小组根据交流意见与建议填写作品反思表，并迭代更新自己小组的自制乐器的设计方案。

作品反思表

小组名称：		
作品名称：		
作品亮点	待改进之处	他人的改进提议
修改方案（图文并茂）		

（三）定型作品

小组根据作品反思表对作品进行修改、完善，定型作品。

【创意拓展】

一　头脑风暴

如何将乐器设计和生活中的物体结合起来？如钢琴与台阶、铝片琴与减速带。请小组积极回忆生活中与各类乐器外观相似的物品，展开头脑风暴，根据讨论结果画出创意思维导图。

创意思维导图

二　拓展设计

在创意拓展乐器的思维导图中，选择小组成员最感兴趣的一项，合作绘制出这个创意乐器的设计图吧！

创意乐器设计图

【评价反思】

一　项目自评

请根据自己的表现进行自评。自我评价越高，真涂越多音符。

项目自评表

评价项目	自评
在制作乐器的各个环节中，能够按时完成任务，并按照计划进行项目进展记录和调整	♪ ♪ ♪
在科学探究环节掌握了制作乐器的声学知识并能在后续的制作过程中学以致用	♪ ♪ ♪
在自制乐器设计上能够提出独特的想法和方案，展现出创造力和想象力	♪ ♪ ♪
能选择合适的材料和工具，制作出美观且具有良好演奏表现的乐器	♪ ♪ ♪
自制乐器满足设计要求，达到预期的演奏效果	♪ ♪ ♪
在团队中能发挥协作能力，有效地与团队成员进行沟通和交流，分享信息和知识	♪ ♪ ♪
在完成项目后能够总结经验和教训，并从中学习和成长	♪ ♪ ♪
综合评价	♪ ♪ ♪

二 基础测验

（一）选择题

1. 声音是如何产生的？（　　）

　　A．通过物体振动产生的　　　　　B．通过光产生的

　　C．通过电流产生的　　　　　　　D．通过化学反应产生的

2. 声音在空气中的传播速度受到以下哪些因素的影响？（　　）

　　A．温度　　　　　B．湿度　　　　　C．风速　　　　　D．上述所有因素

3. 下面哪个乐器属于气鸣乐器？（　　）

　　A．钢琴　　　　　B．尤克里里　　　C．小提琴　　　　D．笛子

4. 笛子属于以下哪个乐器家族？（　　）

　　A．弦乐器　　　　B．管乐器　　　　C．打击乐器　　　D．键盘乐器

5. 以下哪个术语可用来描述声音的高低?(　　)

A. 音色　　　　　B. 音调　　　　　C. 音量　　　　　D. 音频

(二)判断题

1. 声音可以通过空气的振动传播。　　　　　　　　　　　　(　　)

2. 物体振动的频率越高,发出声音的音调越低。　　　　　　(　　)

3. 音阶是一个连续的音高序列,包括多个音符。　　　　　　(　　)

4. 弦乐器发出声音的原理是弦的振动。　　　　　　　　　　(　　)

5. 音色是描述声音高低的术语。　　　　　　　　　　　　　(　　)

三　PMIQ 反思

学生完成项目学习后进行 PMIQ 反思,填写下表。

小组名称:		学生姓名:	
项目名称:			
Plus 我已学懂的知识	Minus 我还未学懂的知识	Interest 我还想继续关注的知识	Questions 我仍然存在疑问的知识

动力小车创意厂

📋 项目简介

> 　　本项目以动力小车竞赛为情境，启发学生通过科学探究了解运动和力的基本概念，并通过工程设计流程设计和制作一辆既快速又平稳安全的动力小车。通过该项目，学生不仅能够深入了解运动和力的基本概念，还能锻炼自己的动手实践能力及培养团队合作精神。同时，竞赛的形式也能够激发学生的学习兴趣和竞争意识。

👩‍🏫 跨学科学习目标

科学目标
了解不同种类的力对小车运动的影响；理解力的大小与小车运动快慢的关系。

工程目标
能用工程设计的方法制订动力小车的设计方案；能选择合适的材料为小车提供动力；能测试动力小车，并对小车原型进行迭代更新。

技术目标
能组装动力小车，分析动力小车的构造；能根据设计方案选择合适的材料和工具制作动力小车。

数学目标
能收集动力小车行驶的速度、距离、时间等数据，并运用数学方法进行分析。

艺术目标
激发创造力和想象力，设计出具有美感和视觉吸引力的动力小车。

语言目标
提升沟通能力，能够清晰、准确地表达自己的想法和设计思路。

⏰ 驱动问题

项目核心驱动问题：

　　如何设计制作一辆既快速又平稳安全的动力小车？

本项目共分五个环节进行，每个环节的问题如下：

环节	问题
问题聚焦	1. 我们要设计并制作一辆怎样的动力小车？ 2. 汽车的动力是如何演变至今的？
科学探究	1. 不同缠绕圈数的橡皮筋如何影响小车的行驶距离？ 2. 膨胀程度不同的气球如何影响小车的行驶距离？ 3. 影响摩擦力的因素有哪些？ 4. 滑动与滚动有什么不同？
设计制作	1. 针对动力小车的评价标准是什么？ 2. 如何绘制出详尽的设计图，以供团队成员理解和制作？ 3. 哪些材料适用于制作我们的动力小车？为什么？ 4. 如何测试我们的动力小车？
创意拓展	未来汽车的驱动方式和能量来源会有什么创新？
评价反思	1. 我在这个项目实践中的表现如何； 2. 我掌握了哪些关于运动和力的基础知识？

 活动过程

【问题聚焦】

一 情境问题

（一）创设真实情境

适逢校运会圆满落幕，在校运会中，各位运动员积极参与竞技，全力以赴为班级争取荣誉，充分体现了校运会所宣扬的竞技精神。为进一步弘扬这一精神，学校筹备了一场动力小车竞赛活动，鼓励同学们运用所学知识，发挥自身创意与才华，设计制造出既快速又平稳安全的动力小车。

（二）提出问题

如何设计制作一辆既快速又平稳安全的动力小车？在创作时需要考虑哪些关键要素？

二 确定目标

进行小组讨论，确定小组制作的动力小车要达到的目标，填写目标计划表。

目标计划表

小组名称	
小组成员	

我们的目标

（动力小车的形状、动力来源、外观设计等。）

三 阅读研讨

车轮上的历史

汽车的发展历程，实质上也是其动力系统的演变史。第一辆现代汽车以蒸汽作为动力源。随后，内燃机的出现极大地推动了汽车行业的发展。福特"T"型车的大规模生产更是将汽油引擎推向了主导地位。

进入 20 世纪，内燃机技术不断取得突破，燃油效率和马力成为衡量其性能的关键指标。然而，随着人们环境保护意识的觉醒和能源危机的日益严重，内燃机对化石燃料的依赖成了一大问题。在这种背景下，电动汽车应运而生，为汽车行业带来了新的发展路径。

如今，在 21 世纪的舞台上，电动车革命正在如火如荼地进行。比亚迪、特斯拉等企业通过不断推动电池技术和快充设施的进步，使得电动车在逐渐占据传统内燃机车辆的市场份额。同时，燃料电池、氢能源等方面的新技术也开始崭露头角，为汽车行业注入了新的活力。

回顾历史，汽车动力系统从蒸汽机升级为内燃机再到电动化，充分展示了科技的巨大飞跃。展望未来，随着新能源技术的持续突破和自动驾驶的快速发展，汽车将继续在改变世界方面发挥重要作用，开启低碳出行的新篇章。

小组研讨，完成填空并回答下面的问题。

1. 第一辆现代汽车是采用_____作为动力源的。

2. 汽车的动力系统的发展顺序是_____→_____→_____。

3. 请继续查阅资料，说一说：未来汽车行业的发展趋势将会如何影响我们的生活和环境？

【科学探究】

一　激趣导入

（一）观察图片

观察下图中的车，讨论它们是用什么作为动力源的。

（二）提出科学探究问题

❶ 不同类型的动力如何影响小车的运动？

❷ 影响摩擦力的因素有哪些？

❸ 滑动与滚动有什么不同？

二　实验探索

（一）**探索一**　用橡皮筋弹力作为动力驱动小车

❶ 思考并作出假设：不同缠绕圈数的橡皮筋如何影响小车的行驶距离？

❷ 设计实验。

材料：小车、橡皮筋、皮尺。

实验过程：

（1）用橡皮筋在小车轮轴上缠绕1圈，将小车摆放在起点，轻轻松手，不得额外施加任何力量。

（2）小车停止运动后，测量并记录行驶距离，实验重复进行3次。

（3）橡皮筋缠绕圈数依次增加至2圈、3圈，重复以上实验。

❸ 按要求做实验，填写实验记录单，进行小组汇报。

实验记录单

橡皮筋缠绕的圈数	实验次数	测量距离/厘米	平均距离/厘米	小车行驶距离（近/中等/远）
1	1			
	2			
	3			
2	1			
	2			
	3			
3	1			
	2			
	3			

我们的发现：橡皮筋缠绕圈数越多，橡皮筋被拉伸的长度越_____，橡皮筋产生的弹力越_____，驱动小车行驶的距离越_____。

❹ 研讨解释。

根据探索一的现象和结果等信息，推理橡皮筋缠绕圈数与小车运动距离的关系。

（二）探索二　像发射火箭一样驱动小车

❶ 思考并作出假设：膨胀程度不同的气球如何影响小车的行驶距离？

❷ 设计实验。

材料：小车、气球、反冲喷嘴、打气筒。

实验过程：

（1）将气球套在反冲喷嘴上，喷嘴朝着小车车尾

方向。

（2）往气球中打 5 筒空气之后用手塞住反冲喷嘴口，防止气球漏气。

（3）轻轻放开气球的反冲喷嘴，使小车运动起来。

（4）小车停止运动后，测量并记录行驶距离，实验重复进行 3 次。

（5）打气次数衣次增加至 10 次、15 次，重复以上实验。

❸ 按要求做实验，填写实验记录单，进行小组汇报。

实验记录单

打气次数	实验次数	测量距离/厘米	平均距离/厘米	小车行驶距离（近/中等/远）
5	1			
	2			
	3			
10	1			
	2			
	3			
15	1			
	2			
	3			

我们的发现：打气次数越多，气球越_____，气球产生的反冲力越_____，驱动小车行驶的距离越_____。

❹ 研讨解释。

根据探索二的现象和结果等信息，推理出气球膨胀程度与小车运动距离的关系。

（三）探索三　运动和摩擦力

❶ 思考并作出假设：影响摩擦力的因素有哪些？

❷ 设计实验。

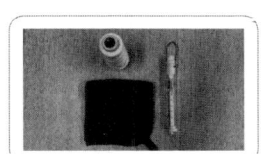

材料：弹簧测力计、细绳、重物若干、毛巾。

实验过程：

实验一：探究摩擦力与接触面光滑程度的关系。

（1）选择一个重物，用细绳将重物与弹簧测力计连接在一起。

（2）分别在桌面上和毛巾上，用弹簧测力计缓慢拉动重物，记录此时弹簧测力计的读数。

（3）更换其他重物，重复以上实验。

实验二：探究摩擦力与物体重量的关系。

（1）选择一个重物，用细绳将重物与弹簧测力计连接在一起。

（2）用弹簧测力计竖直拉起重物，测量其重量并记录。

（3）用弹簧测力计在桌面上缓慢拉动物体，记录此时弹簧测力计的读数。

（4）更换其他重物，重复以上实验。

❸ 按要求做实验，填写实验记录单，进行小组汇报。

实验一记录单

物体	在桌面上的摩擦力 /N	在毛巾上的摩擦力 /N

我们的发现：摩擦力与物体接触面的光滑程度_____（有关／无关）。同一物体，接触面越光滑，摩擦力越_____；接触面越粗糙，摩擦力越_____。

实验二记录单

物体	物体的重量 /N	摩擦力 /N

我们的发现：摩擦力与物体的重量_____（有关／无关）。同一接触面，物体的重量越小，摩擦力越_____；物体的重量越大，摩擦力越_____。

❹ 研讨解释。

根据探索三的现象和结果等信息，推理出摩擦力与物体接触面的光滑程度和物体的重量的关系。

（四）**探索四** 滑动与滚动

❶ 思考并作出假设：滑动与滚动有什么不同？

❷ 设计实验。

材料：小车、纸盒、垫圈、桌沿定滑轮、竹棒、棉绳、托盘。

实验过程：

（1）安装桌沿定滑轮，将纸盒放在桌面上，往托盘里逐渐增加垫圈。当纸盒开始运动时，记录下垫圈的数量。

（2）用竹棒做"滚木"放在纸盒下，往托盘里逐渐增加垫圈。当纸盒开始运动时，记录下垫圈的数量。

（3）将纸盒放在小车上，往托盘里逐渐增加垫圈。当纸盒开始运动时，记录下垫圈的数量。

❸ 按要求做实验，填写实验记录单，进行小组汇报。

实验记录单

实验对象	垫圈数量 / 个	物体的运动方式（滑动 / 滚动）
纸盒		
纸盒 + 竹棒		
纸盒 + 小车		

❹ 研讨解释。

根据探索四的现象和结果等信息，推理出滑动与滚动的不同。

三 总结研讨

（一）探究总结

> **通过科学探究，我们知道**
>
> 1. 橡皮筋缠绕圈数越多，橡皮筋被拉伸的长度越长，橡皮筋产生的弹力越大，驱动小车行驶的距离越长。
> 2. 打气次数越多，气球越膨胀，气球产生的反冲力越大，驱动小车行驶的距离越长。

> 3.摩擦力与接触面粗糙程度和物体重量有关。同一物体，接触面越光滑，摩擦力越小；接触面越粗糙，摩擦力越大。同一接触面，物体的重量越小，摩擦力越小；物体的重量越大，摩擦力越大。
>
> 4.摩擦力与物体的运动方式有关，对于同一物体，滚动时的摩擦力小，滑动时的摩擦力大。

（二）拓展研讨

通过科学探究的结果可知，如要设计一辆既快速又平稳安全的动力小车，要遵循什么原则？

【设计制作】

一 分析产品

观看生活中的赛车的照片和视频，分析赛车的外在组成部分及各部分的功能，了解赛车各部分的主要制作材料。

（一）分条列举赛车的外在组成部分及各部分的功能

1.＿＿＿＿＿＿＿＿＿＿＿＿＿＿＿＿＿＿＿＿＿＿＿＿＿＿＿＿

2.＿＿＿＿＿＿＿＿＿＿＿＿＿＿＿＿＿＿＿＿＿＿＿＿＿＿＿＿

3.＿＿＿＿＿＿＿＿＿＿＿＿＿＿＿＿＿＿＿＿＿＿＿＿＿＿＿＿

（二）写出赛车的外在组成部分的名称，并说一说主要材料

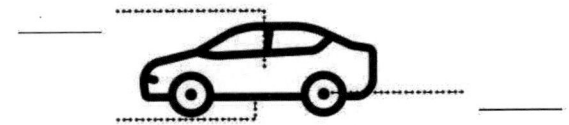

选词填空：车身、底盘、车轮

二 共研标准

教师与学生一起讨论并确定自制动力小车的评价指标。以"创意设计、行驶情况、速度比拼、成本控制、制作工艺"为评价指标制订学生自制动力小车评分表。

学生自制动力小车评分表

评价指标	指标含义	评分依据	分值	得分
创意设计	原创性、外观设计的创意和美观程度	评估小车的原创性，外观设计的创意和美观程度	0~20	
行驶情况	行驶的稳定性	动力小车在行驶过程中有较大幅度晃动	0~5	
		动力小车在行驶过程中有轻微晃动	6~10	
		动力小车在行驶过程中无晃动，稳定前进	11~20	
速度比拼	速度排名	在动力小车走完全程的情况下，按速度快慢排名，第一名25分，第二名23分，以此类推	0~25	
成本控制	成本控制和节约材料的水平	成本严重超支，浪费材料	0	
		成本超支部分占原始预算的10%及以下	5	
		成本在预算内	10	
制作工艺	工艺精细程度及可否重复使用	制作工艺粗糙，动力小车不可重复使用	0~15	
		制作工艺精良，动力小车可以重复多次使用	16~25	
总分			0~100	

三 设计方案

（一）初步确定动力小车的设计

以小组合作的形式，讨论动力小车的方案，解决以下问题：

❶ 给动力小车起什么名字？

❷ 用什么作为小车的动力？

❸ 用什么材料来制作动力小车？

❹如何设计动力小车的外观?

（二）选择制作动力小车的材料与工具

根据前面对赛车结构和组成材料的分析，以及自制动力小车的设计需求，选择制作动力小车的材料和工具，并说明理由。

可供选择的材料：

A.塑料板　B.木板　C.硬纸板　D.塑料车轮　E.橡胶车轮

F.木质车轮　G.连接轴　H.回形针　I.铝丝　J.气球　K.反冲喷嘴

L.打气筒　M.皮筋　N.棉线　O.各种颜色的卡纸　P.超轻黏土……

可供选择的工具：

A.剪刀　B.固体胶　C.透明胶　D.双面胶　E.马克笔

F.热熔胶枪　G.胶水……

材料的选择

组成部分	材料（填写字母序号）	理由
动力		
车体		
底盘		
车轮		
其他（外观设计）		

可能需要用到的工具（填写字母序号）：

_____

_____

（三）绘制动力小车设计图

动力小车设计图

（四）制作动力小车的项目预算

每个小组有 100 元经费可购买下列材料。除了这些材料，小组还可以根据设计需求自带其他材料，任当带材料的价格也需要列入成本预算表中。

材料清单与价格表

A. 塑料板 20 元／个	B. 木板 20 元／个	C. 硬纸板 20 元／个
D. 塑料车轮 10 元／4 个	E. 橡胶车轮 10 元／4 个	F. 木质车轮 10 元／4 个
G. 连接轴 5 元／根	H. 棉线＋回形针套装 5 元／套	I. 铝丝 10 元／份
J. 气球＋打气筒＋反冲喷嘴套装 15 元／套	K. 橡皮筋 2 元／个	L. 卡纸 5 元／张
M. 超轻黏土 10 元／份		

小组制作动力小车的成本预算表

材料（填写字母序号）	数量	单价／元	总价／元
预算总额			

四 物化设计

（一）制作原型

❶ 各小组根据成本预算表购买材料、领取工具。

❷ 小组合作，按设计图制作动力小车。

（二）原型测试

所有小组都完成制作后，进行一场动力小车竞赛，填写动力小车竞赛记录表。

动力小车竞赛记录表

小组名称：

记录项目	测试结果
能否平稳行驶（✓／×）	
能否跑完全程（✓／×）	
行驶时间／秒	
行驶距离／厘米	
行驶速度（米／秒）	
排名	

【备注】

动力小车无法走完全程时，按行驶距离参与后续排名。

五　交流完善

（一）汇报交流

❶ 小组展示自己的动力小车竞赛记录表，分析动力小车的行驶情况，介绍本组的动力小车的亮点与不足。同时，回答他人提出的问题。

❷ 其他小组专心听汇报，根据汇报内容提出问题及修改建议，发现其亮点，并填写《动力小车创意厂》成果汇报交流表。

《动力小车创意厂》成果汇报交流表

小组名称：

汇报小组	作品亮点	作品有待改进之处	我的疑惑

（二）作品反思

小组根据交流意见与建议填写作品反思表，并迭代更新自己小组的动力小车的设计方案。

作品反思表

小组名称：		
作品名称：		
作品亮点	待改进之处	他人的改进提议
修改方案（图文并茂）		

（三）定型作品

小组根据作品反思表对作品进行修改、完善，定型作品。

【创意拓展】

一 头脑风暴

现在汽车的驱动方式有为燃机驱动、电动机驱动等，动力的能量来源有燃油、电、氢能源等。请发挥想象力，想一想：未来汽车的驱动方式和能量来源会有什么创新？请各个小组讨论一下，并根据讨论结果画出创意思维导图。

创意思维导图

二　拓展设计

在未来汽车的思维导图中，选择小组成员最感兴趣的一项，合作绘制出这个未来汽车的设计图。

未来汽车设计图

【评价反思】

一　项目自评

请根据自己的表现进行自评。自我评价越高，填涂越多小车。

项目自评表

评价项目	自评
能与小组成员进行良好的沟通，确定目标计划，并按计划开展活动	🚗 🚗 🚗
能通过查阅文献、观看视频等多途径了解赛车的相关信息	🚗 🚗 🚗
能通过科学探究实验理解动力小车的动力原理及了解其影响因素	🚗 🚗 🚗
能选择合适的材料和工具，制作出既快速又平稳安全的动力小车	🚗 🚗 🚗
在展示作品环节，乐于分享创作经验，并与其他小组交流互评，对作品进行反思	🚗 🚗 🚗
能对未来汽车进行创意设想，并画出设计图	🚗 🚗 🚗
综合评价	🚗 🚗 🚗

二 基础测验

（一）选择题

1. 要使小车向前运动，我们必须（　　）。

　　A. 使气球喷气方向向前

　　B. 使气球喷气方向向后

　　C. 使气球向任意一个方向喷气，小车运动方向与气球喷气方向无关

2. 像橡皮筋这样的物体在受到外力作用时，形状很容易改变。在形状改变时它们会产生一个能使其恢复原来形状的力，这个力叫（　　）。

　　A. 重力

　　B. 弹力

　　C. 拉力

3. 在下列物体上沿水平方向拉动同一辆小车，在（　　）上用的力最小。

　　A. 玻璃板

　　B. 木板

　　C. 毛巾

4. 用气球驱动小车，小车运动的速度（　　）。

　　A. 先快后慢再快

　　B. 先慢后快再慢

　　C. 保持一样快

5. 下列措施中可减小摩擦力的是（　　）。

　　A. 鞋底的花纹

　　B. 增大接触面粗糙程度

　　C. 变滑动为滚动

（二）判断题

1. 在斜面上释放小车，小车撞击木块后，木块移动的距离越短，说明小车的动力越大。　　　　　　　　　　　　　　　　　　　　　　　　　　（　　）

2. 小车行驶的距离与橡皮筋的缠绕方向有关。　　　　　　　　　　（　　）

3. 在弹性限度为，橡皮筋拉伸得越长，产生的弹力越大。　　　　　（　　）

4. 制作气球小车时，气球越膨胀，小车行驶得越远。　　　　　　　（　　）

5. 气球升天时，重力和反冲力的方向相反。　　　　　　　　　　　（　　）

三 PMIQ 反思

学生完成项目学习后进行 PMIQ 反思，填写下表。

小组名称：		学生姓名：	
项目名称：			
Plus 我已学懂的知识	Minus 我还未学懂的 知识	Interest 我还想继续关注的 知识	Questions 我仍然存在疑问的 知识

创意玩具智造坊

项目简介

　　本项目以玩具工坊产品设计危机为情境，为了渡过难关，玩具工坊发布智能玩具创意设计征集令。学生通过小组讨论确定作品制作目标，并通过阅读研讨等方式了解生活中的传感器。经过科学探究了解基础的电路元件和不同类型电路的连接方法，了解传感器作为一种特殊开关的应用，并按照工程设计流程制作和完善一个电路与艺术相结合的创意智能玩具。

跨学科学习目标

科学目标	工程目标	技术目标
认识基础的电路元件；能够用各种电路元件连接不同类型的电路；能够在不同情境中应用不同的传感器、电路解决问题。	能设计智能玩具的制作方案；能为智能玩具选择合适的材料；能根据评价指标对智能玩具进行测试，并对作品进行迭代更新。	掌握制作智能玩具的技术方法；能用传感器实现电路的智能化控制；能根据设计方案选择合适的工具制作智能玩具。

数学目标	艺术目标	人文目标
能根据工程设计方案做预算；设计和制作电路时具有电路布局、元件摆放等方面的空间观念。	能在智能电路设计中融入艺术元素，使其具有一定的观赏性，如注意元件布局、颜色搭配等的美观性。	了解智能技术的发展和应用，认识科技对社会的影响。

驱动问题

项目核心驱动问题：

　　如何将电路与艺术结合起来，设计制作一个能与人交互的创意智能玩具？

本项目共分五个环节进行，每个环节的问题如下：

环节	问题
问题聚焦	1. 小组要设计一个什么样的创意智能玩具？ 2. 传感器在生活中有什么应用？
科学探究	1. 基础的电路元件有哪些？各元件的作用是什么？ 2. 如何连接一个简单的电路？ 3. 电路的类型有哪些？如何应用不同类型的电路？ 4. 如何在电路中加入传感器？
设计制作	1. 本项目针对创意智能玩具的评价指标是什么？ 2. 选择什么材料和工具？如何做成本预算？ 3. 如何设计与制作才符合作品制作目标和评价指标？ 4. 如何更好地展示和介绍作品成果？ 5. 如何迭代更新作品？
创意拓展	根据本项目学到的电路知识，思考：如何利用传感器改造生活中的物品，使其更加便利？
评价反思	1. 我在项目实施过程中各方面表现如何？ 2. 我在项目学习中有什么收获？还需要提升哪些方面的能力？

活动过程

【问题聚焦】

一 情境问题

（一）创设真实情境

有一家专注制作传统玩具的工坊，工坊中每天都会有许多玩具被制造出来，运往世界各地，给小朋友们带来欢乐。然而，这家玩具工坊最近却遭遇了一个大危机。由于各种新奇的智能玩具层出不穷，玩具市场竞争愈加激烈，加之原材料成本不断上涨，工坊的利润持续下滑，甚至面临破产的风险。为了更好地了解孩子们的喜好，改善经营状况，工坊老板决定向小朋友们征集创意智能玩具方案，希望借助大家的力量和智慧，帮助玩具工坊渡过这次难关。于是，一则充满激情与期待的征集令传遍了各地小学。

征集令

亲爱的小朋友们：

如果，你点子多！

如果，你创意新！

如果，你脑洞大！

现在，就有一个让你大展身手的机会！

电路与艺术相遇，会碰撞出什么样的火花呢？请发挥你的想象力，开始创意设计，创作出一个能与人交互的创意智能玩具吧！

（二）提出问题

如何设计并制作一个能与人交互的创意智能玩具？用什么实现其与人交互的功能？

二　确定目标

进行小组讨论，确定小组制作的创意智能玩具要达到的目标，填写目标计划表。

目标计划表

小组名称	
小组成员	

我们的目标

（创意智能玩具的类型、大小、交互功能等。）
（温馨提示：可参考普通玩具的设计，确定玩具的类型。）

三　阅读研讨

生活中的传感器

传感器是一种非常特别的小装置，它们能够感觉到周围环境的变化，如温度变化、光线变化、声音变化等，然后告诉其他机器该怎么做。传感器可以帮助我们发现世界的变化，并作出相应的反应。

①传感器在家里的应用。

你们知道吗？在我们家中的很多地方都藏着传感器。比如，当你走进洗手间，灯会自动亮起来，这是因为传感器在工作，它感觉到有人来了，就告诉灯"快亮起来"。还有，你家的空调能自动调节温度，这也是因为有温度传感器在帮忙检测室内的温度，让空调知道该升温还是降温。

②传感器在学校的应用。

在学校里，传感器也扮演着重要的角色。比如，体育馆里的灯光和音乐能随着你们的活动而变化，这是因为有声音传感器和光传感器的帮助。它们能够感知到声音的大小和光线的强弱，然后告诉系统应该怎么调整音乐和灯光。

③传感器在户外的应用。

当我们走出家门，传感器依然无处不在。你们使用过的自动售货机就有传感器，当你们选择好零食或饮料并投币后，传感器会感知到这些信息，并通知机器送出你们选择的零食或饮料。在马路上，红绿灯旁边的传感器能检测车辆的多少，帮助控制交通流量，保证行人安全。

虽然我们看不见传感器，但它们就像我们生活中的小守护神，时刻帮助、保护着我们，让我们的生活更加方便和安全。下次当你发现身边的一些自动化设备在工作时，不妨想一想：是不是传感器在悄悄地帮忙呢？

小组研讨，完成记录并回答下面的问题：

1. 请观察我们生活中使用了传感器的物品，并记录下来。

记录表

物品名称	其中传感器具备的功能

2. 了解了生活中的传感器，你有什么感想？

【科学探究】

一 激趣导入

（一）展示带电路设计的画

小杨和小李突发奇想，在自己的画中加入了电路设计。他们的同学看到了觉得很惊奇，纷纷向他们请教，也想做一幅这样的画。这幅画的发光效果是怎么实现的呢？

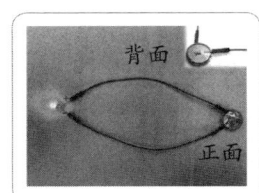

（二）提出科学探究问题

❶ 有哪些基础的电路元件？怎么使用它们？

❷ 如何用这些电路元件连接一个简单的电路？

❸ 有哪些类型的电路？如何应用不同类型的电路？

❹ 如何在电路中加入传感器？不同的情境分别应用什么传感器？

二 实验探索

（一）**探索一** 认识电路元件

这些都是基础的电路元件，它们有什么特点？怎么使用？

1.纽扣电池	2.发光二极管（LED）	3.杜邦线	4.导电胶布

5.蜂鸣器	6.小马达、扇叶	7.面包板	8.传感器
			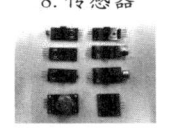

（二）**探索二** 连接电路

❶ 连接电路让一个 LED 亮起来。

请参照右图，连接电路，使一个 LED 亮起来，并对着电路画出电路示意图，标注电流方向。

温馨提示：

连接电路时必须使其形成闭合回路，电路才会通。

电流方向：电池正极—LED 正极—LED 负极—电池负极

电路示意图：

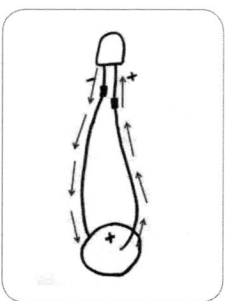

❷ 挑战。

请使用杜邦线、导电胶布、LED、蜂鸣器、小马达、扇叶、纽扣电池等材料自由设计连接电路，并填写以下记录单。

记录单

画出电路示意图，标注电流方向

❸ 用不同的方法让两个 LED 同时亮起来。

实验材料：LED、杜邦线、纽扣电池、电池盒。

思考问题：

（1）有多少种连接电路的方法能使两个 LED 同时亮起来？

（2）在你设计的电路中，电流方向是怎样的？有多少个闭合回路？

（3）当两个 LED 同时发光时，取出其中一个 LED，另一个 LED 还会亮吗？为什么？

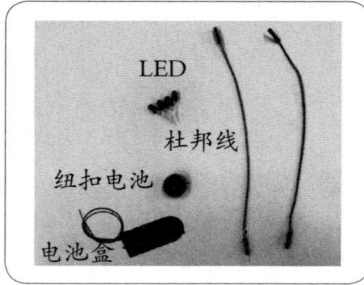

❹ 做实验并填写实验记录单。

方法一实验记录单

画出电路示意图

（1）请用红色箭头标出这个电路的电流方向。

（2）在这个电路中，有_____个闭合回路。

（3）当两个 LED 同时发光时，取出其中一个 LED，另一个 LED 是_____（亮／不亮）的。此时还有_____个闭合回路。

方法二实验记录单

画出电路示意图

（1）请用红色箭头标出这个电路的电流方向。

（2）在这个电路中，有_____个闭合回路。

（3）当两个 LED 同时发光时，取出其中一个 LED，另一个 LED 是_____（亮／不亮）的。此时还有_____个闭合回路。

❺ 挑战。

用杜邦线、LED、蜂鸣器、小马达、扇叶、面包板、纽扣电池等材料设计一个电路，该电路需含有多个闭合回路，并在闭合回路中体现并联和串联。完成下面的记录单。

记录单

画出电路示意图，标注电流方向

我认为这个电路需改进的地方（不方便的地方）：

_____

_____

（三）**探索三**　特殊的开关——传感器的使用

❶ 传感器有什么作用？

我们拨动开关是用手控制电流的通和断。能否借助声、光、热、水等代替我们的手成为特殊的开关？

认识不同的传感器，如单键触摸传感器、霍尔传感器、声音传感器、红外传感器……想一想这些传感器分别可以用于什么情境？

❷ 如何将传感器连接到电路中？

将传感器作为开关，串联在有需求的电路中即可，下图所示为霍尔传感器连接示意图。

 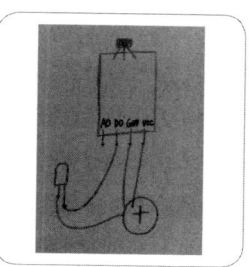

❸ 挑战。

请小组讨论，假设一个场景，使用传感器连接一个智能电路来解决一个问题或完成一个创意设想。完成下面的记录单。

记录单

场景	
待解决的问题 （创意设想）	
使用的传感器	
电路示意图	

三 总结研讨

（一）探究总结

通过科学探究，我们知道

1. 用电路元件可以设计出不同的电路，不同类型的电路各有特点：串联电路有1个闭合回路，其中1个灯不亮，其他灯不亮；并联电路有多个闭合回路，其中1个灯不亮，其他灯亮，因为它们仍然形成闭合回路。

2. 不同功能的传感器可以解决不同的问题。传感器要串联在电路中，形成闭合回路，才能作为开关控制其他电路元件。

（二）拓展研讨

小组讨论交流：我们通过科学探究知道了怎么连接一个具有智能开关的电路。那么我们应该如何设计传感器电路，并将其融入玩具中，使其拥有与人交互的功能？

【设计制作】

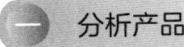 分析产品

请选择市场上的一个玩具，分析它的结构和材料，总结玩具设计的功能和用户体验。

玩具产品分析表

名称	
类型	
结构	
材料	
功能	
用户体验	

我们从以上产品分析中得到的启发：

温馨提示：思考如何加入传感器电路来实现玩具的交互功能。

_____

_____

_____

三 共研标准

教师与学生一起讨论并确定创意智能玩具的评价指标。以"功能实现、创意设计、技术制作、用户体验、成本控制"为评价指标制订创意智能玩具评分表。

创意智能玩具评分表

评价指标	指标含义	评分依据	分值	得分
功能实现	智能玩具的方案实现程度、稳定性、反应速度等	作品功能设计是否达到了预期；在运行过程中是否稳定，不出故障；智能开关交互响应是否迅速	0~30	
创意设计	智能玩具设计的创新性	作品的设计与市场的常规玩具相比是否具有独特性，对用户是否有吸引力；玩具是否提供了新颖的互动方式	0~30	
技术制作	电路设计和材料选择的合理性	智能电路设计是否合理，是能否有效地支持玩具的功能；选择的材料是否适合作品的需要，作品是否制作精良	0~25	
用户体验	智能玩具的易用性、安全性等	玩具是否容易上手，用户能否轻松理解玩法并操作；玩具在使用过程中是否安全，有无安全隐患	0~10	
成本控制	智能玩具的成本控制水平	制作作品的用料是否与预算相符，不超出预算	0~5	
总分			0~100	

三 设计方案

（一）选择制作创意智能玩具的材料与工具

根据对市场上玩具的材料和结构的分析，以及创意智能玩具的设计需求，选择制作创意智能玩具的材料和工具，并说明理由。

可供选择的材料：

外观材料：A.超轻黏土　B.棉线　C.铁丝　D.锡纸　E.纸箱／纸盒
F.白乳胶　G.鱼线　H.棉花　I.丙烯颜料　J.透明软膜　K.硬纸板（底板）
L.透明半球　M.鱼尾纱　N.镭射纸　O.热缩片　P.泡沫板　Q.布料

电路材料：A.单电池盒　B.双电池盒　C.纽扣电池　D.杜邦线　E.面包板
F.LED　G.小马达　H.扇叶　I.蜂鸣器

传感器：A.水银倾斜开关传感器　B.触摸传感器　C.霍尔传感器
D.声音传感器　E.光敏电阻传感器　F.热敏传感器　G.红外传感器
H.土壤湿度传感器　I.雨滴传感器

可供选择的工具：

A.剪刀　B.固体胶　C.透明胶　D.双面胶　E.热熔胶枪　F.马克笔

材料的选择

组成部分	材料（填写字母序号）	理由

可能需要用到的工具（填写字母序号）：

_____

_____

（二）绘制创意智能玩具设计图

❶ 小组合作，结合初步确定的自制玩具类型、外观和材料，绘制具有与人交互的功能的创意智能玩具设计图。

❷ 汇报交流，每个小组讲解本组的创意智能玩具的设计意图，其他小组从玩具的可行性及智能交互性等方面提出建议。

创意智能玩具设计图

玩具名称		
玩具类型		
使用的传感器及其在玩具体验中的功能		
外观设计	从正面看	
	从侧面看	
	从上面看	

（三）制作创意智能玩具的项目预算

材料价格：每种外观材料的单价为 4 元 / 份；每种电路材料的单价是 6 元 / 份；每种传感器的单价是 10 元 / 份。

每个小组有 100 元经费可购买材料。除了这些材料，小组还可以根据设计需求自带其他材料，但自带材料的价格也需要列入成本预算表中。

小组制作创意智能玩具的成本预算表

材料（填写字母序号）	数量 / 份	单价 / 元	总价 / 元
预算总额			

四 物化设计

（一）制作原型

❶ 各小组根据成本预算表购买材料、领取工具。

❷ 小组合作，按设计方案制作创意智能玩具原型。

（二）原型测试

小组进行原型测试，填写测试记录表。

创意智能玩具测试表

小组名称：

测试项目	测试结果（√／×）
传感器交互功能是否正常	
玩具结构是否稳固	
电路是否融入了玩具设计中	
电路是否稳定	

【备注】

用力甩不会变形或视为结构稳固；不会断路或短路视为电路稳定。

五 交流完善

（一）汇报交流

❶ 小组展示自己的作品，介绍本组制作的创意智能玩具的亮点与不足。同时，回答他人提出的问题。

❷ 其他小组专心听汇报，根据汇报内容提出问题及修改建议，发现其亮点，并填写《创意玩具智造坊》成果汇报交流表。

《创意玩具智造坊》成果汇报交流表

小组名称：

汇报小组	作品亮点	作品有待改进之处	我的疑惑

（二）作品反思

小组根据交流意见与建议填写作品反思表，并达代更新自己小组的创意智能玩具的设计方案。

作品反思表

小组名称：		
作品名称：		
作品亮点	待改进之处	他人的改进提议
修改方案（图文并茂）		

（三）定型作品

小组根据作品反思表对创意智能玩具作品进行修改、完善，最后定型作品。

【 创意拓展 】

一 头脑风暴

在这个项目中，我们学习了如何使用各种传感器。如果有一个机会，让你利用这些传感器改造生活中的物品，使其更加便利，你会有什么创意点子？请小组展开头脑风暴，并根据讨论结果画出创意思维导图。

创意思维导图

二 拓展设计

在改造生活用品的创意思维导图中选择小组成员最感兴趣的一项，合作绘制这个创意的设想图。

创意设想图

【评价反思】

一 项目自评

请根据自己的表现进行自评。自我评价越高，填涂越多玩具。

项目自评表

评价项目	自评		
能与小组成员进行良好的沟通，确定目标计划，并按计划开展活动			
能通过查阅文献、观看视频等多途径了解传感器在生活中的应用			
能通过科学探究认识电路元件，并连接不同类型的电路			
能够根据情境的需求将不同的传感器连接到电路中			
能根据设想的目标、评价标准要求等完成创意智能玩具的设计			
能选择合适的材料和工具，制作出能与人交互的创意智能玩具			
在展示作品环节，乐于分享创作经验，并与其他小组交流互评，对作品进行反思			
能通过头脑风暴想到用传感器改造生活用品的创意点子，并画出设想的设计图			
综合评价			

基础测验

1. 现有2节1.5V的电池、2个小灯泡，要使2个小灯泡同时发光且光线最亮，以下连接方式中，（　　）最好。

　　A. 2节电池串联，2个小灯泡也串联

　　B. 2节电池并联，2个小灯泡也并联

　　C. 2节电池串联，2个小灯泡并联

2. 下图是小昕画的电路图，该电路中的2个灯泡的连接方式是（　　）。

　　A. 串联　　　　　E. 并联　　　　　C. 串联和并联

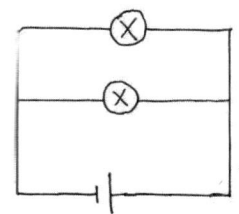

3. 电流从电池的_____流出，通过导线流经_____，回到电池的_____，形成闭合回路。（　　）

　　A. 正极、用电器、负极

　　B. 负极、用电器、正极

　　C. 加极、用电器、减极

4. 当电池的两端被电线直接连接在一起时，就会发生（　　）。

　　A. 断路　　　　　B. 短路　　　　　C. 通路

5. 安装电路时，我们用（　　）控制电流的通和断。

　　A. 电池　　　　　E. 开关　　　　　C. 导线

6. 把2节电池、1个小灯泡串联起来，小灯泡发出了耀眼的光芒，但只亮了一下，就不再发光了。下列解释中，最合理的是（　　）。

　　A. 电池没有电了

　　B. 小灯泡质量太差

　　C. 电池串联太多，电压太大，小灯泡的灯丝断了

7. 1个开关在电路中（　　）。

　　A. 只能控制1个灯泡

　　B. 只能控制2个灯泡

C．能控制1个、2个或更多个灯泡

8．电路中的用电器能工作是因为（   ）。

　　A．有了电池　　　　B．有了导线　　　　C．用电器处在闭合回路中

9．下列被测物理量适合于使用红外传感器进行测量的是（   ）。

　　A．温度　　　　　　B．压力　　　　　　C．光照度

10．用（   ）可以实现楼道里的灯根据人来人走而自动亮灭。

　　A．霍尔传感器　　　B．红外传感器　　　C．触摸传感器

三　PMIQ 反思

学生完成项目学习后进行 PMIQ 反思，填写下表。

小组名称：		学生姓名：	
项目名称：			
Plus 我已学懂的知识	Minus 我还未学懂的知识	Interest 我还想继续关注的知识	Questions 我仍然存在疑问的知识

五年级 研发作品

地球的愤怒——火山喷发

📋 项目简介

　　本项目以79年意大利南部的庞贝古城遭遇了一场灾难性的火山爆发为情境，吸引学生开展对火山喷发的探索。该项目旨在让学生深入了解火山构造、岩浆形成的机制后，利用工程设计流程设计制作一个火山喷发模型，从而提升学生在科学技术、数学计算、文学艺术等方面的素养。

👤 跨学科学习目标

科学目标	工程目标	数学目标	技术目标
通过科学探究了解火山构造，了解岩浆形成、火山喷发的机制。	能用工程设计的方法设计火山喷发模型；能为火山喷发模型选择合适的材料；能对模型进行测试；能尝试对作品进行迭代更新。	能运用数学原理，如比例、几何和算术知识，确保火山喷发模型的精确性和真实性。	掌握制作火山模型的技术方法；能合理选择模拟火山喷发的形式所需的材料；能根据设计方案选择合适的工具制作火山喷发模型。

艺术目标	语言目标	人文目标	
能够欣赏和评价火山模型的美感，包括形状、颜色的协调性。	能够清晰地描述火山喷发的过程，包括实验的步骤和观察到的现象。	了解火山喷发对环境和人类的影响，以及如何预防和应对火山喷发灾害。	

⏱ 驱动问题

项目核心驱动问题：

　　如何设计并制作一个能够模拟火山喷发过程的模型，以便更好地理解火山喷发的影响，并预测火山喷发？

本项目共分五个环节进行，每个环节的问题如下：

环节	问题
问题聚焦	小组制作的火山喷发模型要达到什么效果？
科学探究	1. 火山喷发的成因有哪些？ 2. 岩浆是怎样形成的？
设计制作	1. 如何设计并制作一个能够模拟火山喷发过程的模型？ 2. 可以用哪些材料和工具制作火山模型？
创意拓展	如何通过火山喷发模型展示火山喷发对环境和经济的影响？
评价反思	1. 我掌握了哪些关于火山喷发与工程设计的基础知识？ 2. 我在项目实施过程中的表现如何？

活动过程

【问题聚焦】

一　情境问题

（一）创设真实情境

在 79 年，意大利南部的庞贝古城遭遇了一场灾难性的火山爆发。这场火山爆发不仅摧毁了整个城市，还给城市覆盖上了数米厚的火山灰和浮石。然而，由于火山灰的沉积保护，庞贝古城得到了非常好的保存。直到 18 世纪，人们开始挖掘这座古城，才揭开一个消失已久的古代城市的面纱。

（二）提出问题

如何设计并制作一个能够模拟火山喷发的模型，以便更好地理解火山喷发的影响，并预测火山喷发？

二　确定目标

进行小组讨论，确定小组制作的火山喷发模型要达到的目标，填写目标计划表。

目标计划表

小组名称	
小组成员	

我们的目标

（火山喷发模型的大小、要呈现的效果等。）

三 阅读研讨

2023 年全球火山活动概况

①全球活动火山的空间分布。

2023 年，全球范围内，共计 26 个国家的 114 座火山被监测到了火山活动，相较于 2022 年减少了 13 座。在地质构造上，多数活动火山集中分布于环太平洋火山带，主要涉及印度尼西亚、美国、日本、俄罗斯、瓦努阿图、巴布亚新几内亚、菲律宾、冰岛、厄瓜多尔等国家。其中，印度尼西亚的活动火山分布尤为密集。

② 2023 年全球火山活动水平。

按照国际上公认的火山预警等级划分准则，火山预警被分为四个级别（从 I 级到 IV 级），随着级别的提升，危险程度也相应增加。根据 2023 年的统计数据，114 座火山的预警级别分布如下图所示。具体来说，处于 I 级预警等级的火山有 19 座，处于 II 级预警等级的

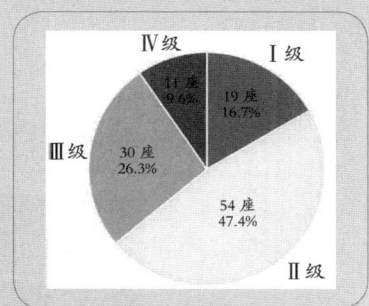

火山有 54 座，处于 III 级预警等级的火山有 30 座，而处于最高级别（即 IV 级预警等级）的火山则有 11 座。与 2022 年相比，2023 年的低预警等级

（特别是Ⅰ级）火山数量有所减少，而高预警等级（Ⅲ级和Ⅳ级）火山数量则未发生显著变化。这一趋势表明，2023年全球的火山活动以中低水平为主。

③ 2023年全球火山灾害。

2023年，全球范围内的大规模火山喷发事件主要发生在人烟稀少的区域，因此并未导致大量的人员伤亡。数据显示，本年度全球火山活动共导致28人丧生，4万余人被迫疏散，至少18.7万人受到影响。此外，火山喷发还造成5座机场临时关闭，368架次航班被迫取消。总体来说，与2022年相比，2023年火山活动带来的灾害损失更为严重，在一定程度上扰乱了社会秩序，导致了机场的临时关闭、航线的中断，以及海域的通航受阻等。不过，与其他非火山的影响因素相比，2023年全球火山活动没有对全球范围的大气环境与气候产生影响。

小组研讨，完成填空并回答下面的问题。

1. 2023年全球共有_____个国家被监测到了火山活动。

2. 全球火山的预警等级分为Ⅰ～Ⅳ级。2023年，处于_____级预警等级的火山数量最多。

3. 说一说：2023年全球火山活动主要分布在哪些地区？

【科学探究】

 **激趣导入**

（一）观看视频

观看视频《庞贝古城：最后的一天》，并概述视频内容。

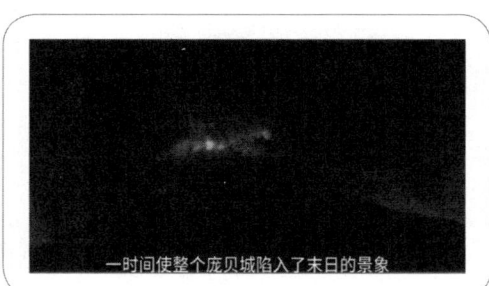

一时间使整个庞贝城陷入了末日的景象

（二）提出科学探究问题
❶ 火山喷发的成因有哪些？
❷ 岩浆是怎样形成的？

二 实验探索

（一）**探索一** 火山喷发的成因
❶ 思考并作出假设：火山喷发的成因有哪些？
❷ 设计实验模拟火山喷发。

材料：番茄酱、土豆泥、罐头盒（或不锈钢小盆）、酒精灯、铁架台。

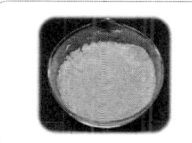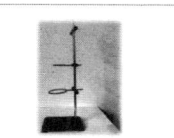

实验过程：

（1）土豆泥代表火山；番茄酱代表岩浆；酒精灯加热则代表地壳深处高温的状态。

（2）将土豆泥装入罐头盒内堆成小山的形状，并在小山的顶部向下挖一个小洞模拟岩石裂缝。

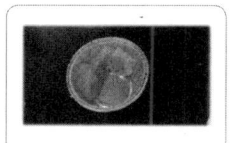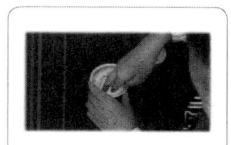

（3）向小洞内倒入一定量的番茄酱，然后用一层薄薄的土豆泥封住小洞口。

（4）将罐头盒放在铁架台上，用酒精灯加热，观察"火山"喷发现象。

❸ 研讨解释。
根据探索一的现象和结果等信息，推理出火山喷发的成因。

（二）**探索二** 模拟岩浆的形成

❶ 思考并作出假设：岩浆是怎样形成的?

❷ 设计模拟实验。

材料：较大的玻璃水槽、不同颜色的食用色素、板蓝根冲剂、热水。

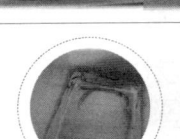

实验过程：

（1）在玻璃水槽内部涂抹食用色素，分别用不同颜色的食用色素代表不同种类的矿物质。

（2）在容器底部撒上一层板蓝根冲剂颗粒，代表地壳中的岩石。

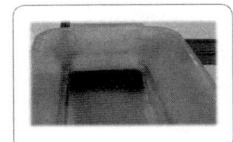
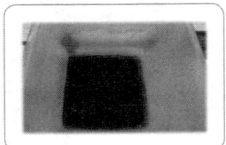

（3）缓慢倒入热水模拟地球内部的高温，观察热水与不同颜色的"矿物质"以及"岩石"的交互作用，包括颜色的变化、混合和流动。

❸ 研讨解释。

根据探索二的现象和结果等信息，了解岩浆是怎样形成的。

三 总结研讨

（一）探究总结

> **通过科学探究，我们知道**
>
> 　　用酒精灯加热罐头盒里的土豆泥和番茄酱，土豆泥中的水分蒸发导致其表面干燥，番茄酱受热扩散。当气体压力足够高时，番茄酱会通过土豆泥中的裂缝（比较薄的地壳处）挤出，形成"火山喷发"效果。
>
> 　　岩浆由矿物质、熔体和气体构成：矿物质是岩浆中的固体成分，包含各种矿物，如硅酸盐和铁镁矿物；熔体是岩浆中的液态部分，包含熔化的岩石和矿物质；气体主要由水蒸气、二氧化碳和其他挥发性物质组成，这些气体在高温高压情况下会从岩浆中释放出来。

（二）拓展研讨

通过科学探究的模拟实验及研讨可知，如果要设计制作一个模拟火山喷发的模型，我们可以选择哪些材料来做火山模型？还能选择什么方式模拟岩浆的喷发？

温馨提示：我们可以尝试用其他方法来模拟岩浆喷发，如小苏打和白醋混合后发生化学反应产生气体、使用注射器从底部往火山通道加压等。

【设计制作】

一　分析产品

观看现实中的真实火山的照片和视频，分析火山的组成部分，了解火山的各个组成部分，并思考应该使用什么材料制作火山喷发模型。

（一）列示火山的组成部分

<hr />

（二）写出火山的组成部分的名称

选词填空：火山碎屑物、火山口、火山锥、火山通道、岩浆

二　共研标准

教师与学生一起讨论并确定针对火山喷发模型的评价指标。以"外观设计、内部结构、科学性、表现效果、成本控制"为评价指标制订学生自制火山喷发模型评分表。

学生自制火山喷发模型评分表

评价指标	指标含义	评分依据	分值	得分
外观设计	火山喷发模型的颜色、形状、纹理、整体造型等的设计水平	火山喷发模型外观设计平淡，没有细节表现，颜色搭配不够和谐	0~10	
		火山喷发模型外观设计合理，细节表现一般，颜色搭配较和谐	11~15	
		火山喷发模型外观设计非常出色，细节表现精细，颜色搭配和谐	16~20	
内部结构	火山喷发模型内部的构造和布局的合理性	火山喷发模型内部结构不清晰，设计存在明显缺陷	0~10	
		火山喷发模型内部结构较为清晰，但部分设计不合理	11~15	
		火山内部结构清晰，火山口、岩浆、火山通道、地壳等部分设计合理	16~20	
科学性	火山喷发模型对火山活动过程的模拟是否完整且准确，包括火山喷发、岩浆流动，以及火山灰扩散	火山喷发模型未能模拟火山喷发过程	0~10	
		火山喷发模型在一定程度上模拟了火山喷发过程	11~20	
		火山喷发模型完整且准确地模拟了火山喷发过程	21~30	
表现效果	火山喷发模型的喷发效果、视觉效果等	火山喷发模型喷发效果较差，视觉效果不理想	0~10	
		火山喷发模型喷发效果一般，视觉效果尚可	11~15	
		火山喷发模型喷发效果良好，具有很好的视觉效果	16~20	
成本控制	火山喷发模型成本控制和节约材料的水平	成本严重超支，浪费材料	0	
		成本超支部分占原始预算的10%及以下	5	
		成本在预算内	10	
总分			0~100	

三 设计方案

（一）初步确定火山喷发模型的设计

❶ 在互联网上查阅资料，了解更多关于火山的信息。

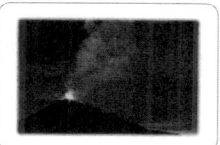

❷ 小组讨论，初步确定火山模型的外观设计、各组成部分所使用的材料，以及模拟岩浆喷发的方式。

（二）选择制作火山喷发模型的材料与工具

根据对火山喷发模型的材料和结构的分析，以及自制火山喷发模型的设计需求，选择制作火山喷发模型的材料和工具，并说明理由。

可供选择的材料：

A.亚克力板　B.纸板　C.塑料瓶　D.面巾纸　E.A4 纸　F.石膏

G.黏土　H.小苏打　I.白醋　J.注射器　K.水管　L.丙烯颜料

M.食用色素　N.干花　O.小树枝……

可供选择的工具：

A.剪刀　B.固体胶　C.透明胶　D.双面胶　E.白乳胶

F.热熔胶枪　G.马克笔　H.尺子　I.铅笔……

材料的选择

组成部分	材料（填写字母序号）	理由

可能需要用到的工具（填写字母序号）：

_____

_____

（三）绘制火山喷发模型设计图

❶ 小组合作，结合初步确定的外观和材料，绘制火山喷发模型的设计图。

❷ 汇报交流，每个小组讲解本组火山喷发模型的设计思路（包括火山结构材料选择、模拟火山喷发方式选择），其他小组从火山喷发模型的真实性及可行性等方面提出建议。

火山喷发模型设计图

外观设计	
内部结构	
喷发方式	

【备注】

火山喷发方式以文字形式表述。

（四）制作火山喷发模型的项目预算

每个小组有 100 元经费可购买下列材料。除了这些材料，小组还可以根据设计需求自带其他材料，但自带材料的价格也需要列入成本预算表中。

材料清单与价格表

A. 亚克力板 10 元／块	B. 纸板 3 元／块	C. 塑料瓶 1 元／只
D. 面巾纸 1 元／张	E. A4 纸 1 元／张	F. 石膏 10 元／份
G. 黏土 10 元／份	H. 小苏打 2 元／勺	I. 白醋 2 元／勺
J. 注射器 2 元／支	K. 水管 2 元／厘米	L. 丙烯颜料 10 元／套
M. 食用色素 5 元／瓶	N. 干花 1 元／朵	O. 小树枝 1 元／簇

小组制作火山喷发模型的成本预算表

材料（填写字母序号）	数量	单价／元	总价／元
预算总额			

四 物化设计

（一）制作原型

❶ 各小组根据成本预算表购买材料、领取工具。

❷ 小组合作，按设计图制作火山喷发模型。

（二）原型测试

小组进行原型测试，填写测试记录表。

火山喷发模型测试记录表

小组名称：	
测试项目	测试结果（A/B/C）
喷发通道顺畅度	
喷发效果	
结构稳定性	

【备注】

喷发通道顺畅度：检查火山喷发模型的喷发通道的流畅情况。

喷发效果：评估火山喷发模型在喷发过程中的视觉效果，包括喷发高度、喷发持续时间和喷发物的形态。

结构稳定性：观察火山喷发模型在喷发过程中基座、火山锥和火山口的稳定性。

（测试结果 A 代表好，B 代表一般，C 代表差。）

五 交流完善

（一）汇报交流

❶ 小组展示自己的火山喷发模型测试记录表，分析火山模型的整体情况，介绍本组的火山喷发模型的亮点与不足。同时，回答他人提出的问题。

❷ 其他小组专心听汇报，根据汇报内容提出问题及修改建议，发现其亮点，并填写《地球的愤怒——火山喷发》成果汇报交流表。

《地球的愤怒——火山喷发》成果汇报交流表

小组名称：			
汇报小组	作品亮点	作品有待改进之处	我的疑惑

（二）作品反思

小组根据交流意见与建议填写作品反思表，并迭代更新自己小组的火山喷发模型的设计方案。

作品反思表

小组名称：		
作品名称：		
作品亮点	待改进之处	他人的改进提议
修改方案（图文并茂）		

（三）定型作品

小组根据作品反思表对作品进行修改、完善，定型作品。

【创意拓展】

一 头脑风暴

　　我们可以探讨如何通过火山喷发模型展示火山喷发对环境和经济的影响，除了表面上的消极影响外，想必同样会有很多积极的影响，如火山喷发物对作物生长和土壤肥力有促进作用，火山灰和火山岩可作为筑路的好材料，火山旅游业对地方经济有推动效果等。请你们展开讨论更多火山喷发带来的积极影响和消极影响，并用思维导图表示。

火山喷发影响思维导图

二 拓展设计

　　在"火山喷发影响"的思维导图中，选择小组成员最感兴趣的一项，以画图的方式呈现其影响。

火山喷发影响图

【评价反思】

一 项目自评

请根据自己的表现进行自评。自我评价越高，用红笔填涂越多喷出的岩浆。

项目自评表

评价项目	自评
能按时完成任务，并做到按计划对项目进行记录和调整	🌋 🌋 🌋
在科学探究环节了解了火山喷发的成因、岩浆的形成，并能在后续的制作过程中学以致用	🌋 🌋 🌋
在制作模型前，对火山喷发进行了充分的研究，能较好地完成火山喷发模型的设计	🌋 🌋 🌋
在项目过程中遇到困难和挑战时，能做到积极思考并找到解决问题的方法	🌋 🌋 🌋
在展示作品环节，能清晰地解释模型的设计和功能，以及火山喷发的影响	🌋 🌋 🌋
在项目结束时，能够清晰回顾自己的学习过程，明确知道自己学到了什么	🌋 🌋 🌋
综合评价	🌋 🌋 🌋

二 基础测验

（一）选择题

1. 小苏打和醋混合会发生什么变化？（　　）

　　A.产生气体　　B.产生沉淀　　C.产生火焰　　D.产生颜色变化

2. 气体受热会发生什么物理变化？（　　）

　　A.体积缩小　　B.体积不变　　C.体积膨胀　　D.变成液体

3. 岩浆主要由什么物质组成？（　　）

　　A.泥沙　　　　B.矿物　　　　C.气体　　　　D.熔融岩石

4.火山喷发对地球有什么积极影响? (　　　)

    A.增加空气污染　　　　　　B.提供矿物质

    C.引发地震　　　　　　　　D.导致森林火灾

5.在火山模型的制作过程中,如果选择了以高温加热的方式去模拟岩浆喷发,那么选择材料时立该考虑哪些因素? (　　　)

    A.材料的颜色　　　　　　　B.材料的价格

    C.材料的耐热性　　　　　　D.材料的美观性

(二)判断题

1.小苏打和醋混合没有反应。　　　　　　　　　　　　　　(　　　)

2.火山喷发只发生在地球的表面。　　　　　　　　　　　　(　　　)

3.岩浆是火山喷发的必要条件。　　　　　　　　　　　　　(　　　)

4.火山喷发对人类生活没有影响。　　　　　　　　　　　　(　　　)

5.火山喷发后的火山灰会对大气层产生长期影响。　　　　　(　　　)

三　PMIQ 反思

学生完成项目学习后进行 PMIQ 反思,填写下表。

小组名称:		学生姓名:	
项目名称:			
Plus 我已学懂的知识	Minus 我还未学懂的知识	Interest 我还想继续关注的知识	Questions 我仍然存在疑问的知识

奇幻的世界——万花筒

项目简介

本项目以学生春节期间到"光学神奇谷"探险，找寻万花筒的"神秘力量"为情境，开展春节喜庆主题的万花筒征集活动。该项目旨在让学生通过学习万花筒所涉及的光学原理，制作一个充满春节喜庆气氛的万花筒，从而提升学生在科学技术、数学计算、艺术创作等方面的素养。

跨学科学习目标

科学目标	工程目标	技术目标
通过科学探究理解光线传播、反射、平面镜成像等概念。	能用工程设计的方法设计一个春节喜庆主题的万花筒；能选择合适的材料呈现万花筒的光影效果；能对万花筒进行基础功能测试；能对万花筒原型进行迭代更新。	掌握制作万花筒的基本的制作技巧，如切割、组装和调整；能根据设计方案选择合适的工具制作万花筒。

数学目标	艺术目标	语言目标
能应用几何光学中的反射律来计算光线的传播路径和角度；能准确测量出万花筒内部平面镜的摆放角度。	能创作独特的图案和色彩组合，以展示万花筒的美学效果。	通过展示和讲解万花筒，培养口头表达能力。

驱动问题

项目核心驱动问题：

如何设计并制作一个呈现春节主题的万花筒？

本项目共分五个环节进行，每个环节的问题如下：

环节	问题
问题聚焦	1．我们要设计并制作一个什么样的万花筒？ 2．万花筒的历史是怎样的？
科学探究	1．光是怎样传播的？ 2．光的传播方向会发生改变吗？ 3．平面镜是如何成像的？ 4．为什么万花筒能呈现令人惊叹的视觉效果？
设计制作	1．春节主题万花筒的评价指标是什么？ 2．如何选择制作春节主题万花筒的材料与工具？成本预算是多少？ 3．如何测试春节主题万花筒？
创意拓展	我们还能设计一个什么样的万花筒去满足更多的应用场景？
评价反思	1．我掌握了那些关于光的基础知识？ 2．我在项目实施过程中的表现如何？

 活动过程

【问题聚焦】

一 情境问题

（一）创设真实情境

恰逢春节，同学们结伴参加了一个神秘的探险活动，他们来到了一个被称为"光学神奇谷"的地方。光学神奇谷的守护者告诉同学们，他们将要探索的世界是一个由光、颜色和形状构成的奇妙领域，而万花筒就是那个连接现实与奇观的神奇隧道。

守护者带着同学们来到一间展览厅，那里展示着各种与春节相关的传统物品，如红色灯笼、中国结、剪纸等。他补充道，哪位同学如果能将这些物品融入万花筒的设计中，就能成功通过这条隧道进入神奇的光学领域。

请同学们以春节为主题，结合传统元素和光学原理，创造出具有惊艳视觉效果的万花筒！

（二）提出问题

如何设计并制作一个呈现春节主题的万花筒？

二 确定目标

进行小组讨论，确定小组制作的万花筒要达到的目标，填写目标计划表。

目标计划表

小组名称	
小组成员	

我们的目标

（万花筒的大小、外观、呈现的中国春节元素等。）

三 阅读研讨

万花筒的历史

万花筒是一种常见的光学玩具，其历史可以追溯到 19 世纪的苏格兰，其由物理学家大卫·布鲁斯特爵士发明。他的灵感来自进行光偏振实验时发现的光学现象，即当光线通过玻璃面板连续反射后，会在三棱镜中形成对称的美学效果。

在万花筒面世没多久，它就进入了中国。由于当时制作材料和工艺的限制，万花筒只能作为清代达官贵人的私人珍藏。

随着时代的发展，以及我国民族工业的发展，万花筒的造价也渐渐变得低廉，"旧时王谢堂前燕"也"飞"入了寻常百姓家。

作为利用光学原理的小玩具，万花筒新鲜而有趣，它也因此成为玩具店吸引孩子的招牌玩具。同时，由于万花筒非常巧妙地体现了镜子的反射原理，也被学校引用为教具，得到更广泛的流传。

19世纪中叶，在北京胡同里的小摊上，万花筒已经是常见、易得的玩具，成为许多孩子朴素而快乐的童年的一部分。在孩子们的眼中，万花筒里的"花"，就如同梁祝化身的彩蝶、武则天眼中的牡丹、翩翩而来的百花仙子。早先的万花筒，里面所看到的"花"是剪成碎片的彩纸，透明度很低，后来有人尝试使用更透明的彩色碎玻璃。随着时间的推移，万花筒里面的"花"，变成了彩色塑料片、光滑的玻璃珠，反射用的3块玻璃也换成了3块镜子。岁月变迁，制作万花筒的材料变了，但唯一不变的，是孩子们对万花筒中的神奇世界所倾注的热情。

在北京东岳庙民俗运动会上，就曾出现过长约90厘米、直径10厘米，由业余爱好者利用废纸筒制作的万花筒。北京民俗博物馆还收藏着由北京玩具协会常务理事、万花筒爱好者李鸿宽先生制作的，长132厘米、直径25厘米的大型万花筒。

小组研讨，完成填空并回答下面的问题。

1. 万花筒的历史可以追溯到_____世纪的_____。

2. 万花筒的发明者是_____。

3. 说一说：在孩子们眼中，万花筒里的"花"是什么？

4. 请继续查阅资料，简要地说一说：现在的万花筒还有哪些用途？

【科学探究】

 激趣导入

（一）观看视频

观看2011年央视春晚中的一个表演节目——《激光舞》的视频，说一说在视频中看到了什么有趣的光学现象。

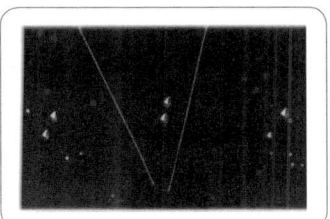

（二）提出科学探究问题

❶ 光是怎样传播的？

❷ 光的传播方向会发生改变吗？

❸ 平面镜是如何成像的？

二　实验探索

（一）探索一　光的传播路径

1 思考并作出假设：光是怎样传播的？

2 设计实验。

材料：手电筒、3 张带孔卡片、卡纸。

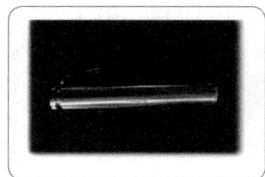 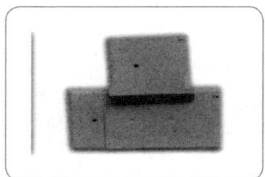

实验过程：

（1）将带孔卡片两端折边，直立在桌子上。

（2）2 张卡纸间隔约 15 厘米，保持所有小孔在一条直线上，连续放置 3 张带孔卡片。

（3）在第 3 张带孔卡片正后方约 15 厘米处，立一张卡纸作为纸屏。

（4）关闭所有灯，拉上窗帘，保证手电筒的光是唯一光源。

（5）移动手电筒，直到能清晰地看到纸屏上的光斑为止，实验需做 3 次。

（6）实验完成后，及时记录光的传播路径。

画一画光的行进路线：

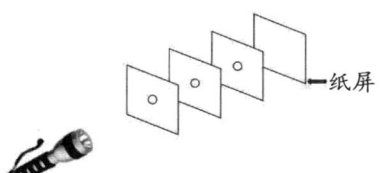

（7）移动其中 1 张带孔卡片，使 3 张带孔卡片小孔不在一条直线上，再按上述实验过程（3）～（6）进行一轮实验。

画一画光的行进路线：

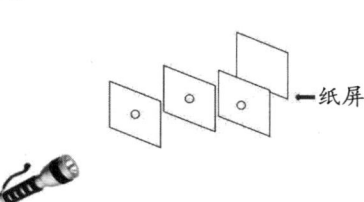

❸ 研讨解释。

根据探索一的现象和结果进行分析，总结出光的传播路径特点。

（二）探索二　光的传播方向

❶ 思考并作出假设：光的传播方向会发生改变吗？

❷ 设计实验。

材料：激光笔、平面镜、白纸。

实验过程：

（1）用激光笔直射，观察光线。

（2）将平面镜放置在激光笔光线的传播路径上并调整平面镜角度，使反射光斑打在白纸上。

（3）改变平面镜的角度，观察反射光线的变化。

❸ 按要求进行实验，小组汇报交流。

你能根据实验结果预测平面镜会将光线反射到什么位置吗？尝试画一画。

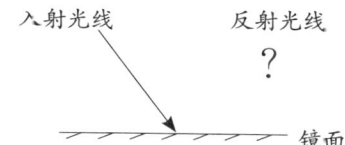

入射光线　　　反射光线
?
镜面

在光线与镜面的交点处，画一条垂直于镜面的虚线，你又有什么发现？

❹ 研讨解释。

根据探索二的现象和结果进行分析，总结出光的反射规律。

（三）探索三　平面镜成像的奥秘

❶ 思考并作出假设：平面镜成像有什么特点？

❷ 设计实验。

材料：2根完全一样的蜡烛、透明玻璃镜、白纸、直尺。

实验过程：

（1）在透明玻璃镜下放置1张白纸，用于标记成像位置。

（2）点燃蜡烛，将其放在玻璃镜的一侧。

（3）用1根未点燃的蜡烛在玻璃镜的另一侧找到"蜡烛"（特指已点燃的蜡烛在平面镜中的像），与其重合。

（4）改变已点燃的蜡烛与玻璃镜的距离，让未点燃的蜡烛与"蜡烛"重合，多次实验并在白纸上标记已点燃的蜡烛和"蜡烛"的位置。

❸ 按要求进行实验，小组完成下面的填空题并汇报交流。

已点燃的蜡烛放在透明玻璃镜的一侧，我们通过实物重合观察记录到"蜡烛"与已点燃的蜡烛的大小和形状_____。

在实验中，我们通过移动已点燃的蜡烛来改变它与平面镜的距离，发现已点燃蜡烛到透明玻璃镜与"蜡烛"到透明玻璃镜的距离_____，并且已点燃的蜡烛与"蜡烛"的连接线与镜面的夹角为_____度。

因此可知，已点燃的蜡烛与"蜡烛"关于平面镜_____。

❹ 研讨解释。

根据探索三的现象和结果进行分析，总结出平面镜成像的特点。

☰ 总结研讨

（一）探究总结

通过科学探究，我们知道

1. 光是沿直线传播的。

2. 光射向镜子时会发生反射现象，传播方向会发生变化，并且在反射过程中，反射角等于入射角。

3. 蜡烛在平面镜中戒的像"蜡烛"与原蜡烛的大小、形状相同，且两者关于镜面对称。

（二）拓展研讨

为什么万花筒能呈现令人惊叹的视觉效果？

【设计制作】

一 分析产品

观看现实中的万花筒小玩具的照片和视频，分析万花筒的组成部分及各部分的功能，了解万花筒各部分的主要制作材料。

（一）分条列举万花筒的组成部分及各部分的功能

1._____

2._____

3._____

4._____

5._____

（二）写出万花筒的组成部分的名称

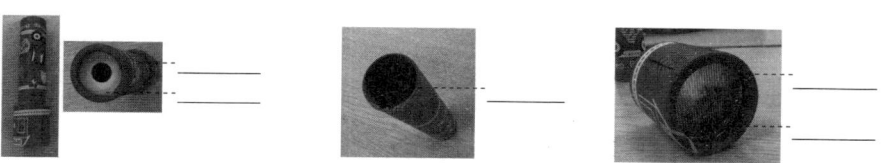

选词填空：观察口、筒身、平面镜、底板、彩色玻璃碎片（光影素材）

三 共研标准

教师与学生一起讨论并确定针对万花筒的评价指标。以"美观程度、视觉效果、制作工艺、创意设计、成本控制"为评价指标制订学生自制春节主题万花筒评分表。

学生自制春节主题万花筒评分表

评价指标	指标含义	评分依据	分值	得分
美观程度	万花筒的外观设计是否符合春节主题要求，色彩和图案是否具有节日特色	外观设计缺乏春节特色，颜色和图案搭配一般	0~10	
		外观设计符合春节喜庆氛围，颜色和图案搭配较好	11~15	
		外观设计具有浓郁的春节特色，颜色和图案搭配出色	16~20	
视觉效果	万花筒的图案变化和视觉效果是否符合春节的主题，能否带来喜庆的感觉	万花筒图案变化单一，视觉效果一般，缺乏喜庆感	0~10	
		万花筒图案变化较丰富，视觉效果较好，有一定的喜庆感	11~20	
		万花筒图案变化丰富多样，视觉效果吸引人，充满喜庆感	21~25	
制作工艺	万花筒是否存在瑕疵，材料选择是否得当	制作有明显瑕疵，材料选择一般	0~10	
		制作较为精细，材料选择合理	11~15	
		制作精细，无瑕疵，材料选用得当	16~20	
创意设计	万花筒设计的创新性、独特性	设计普通，创新元素少	0~10	
		设计较好，有少量创新元素	11~20	
		设计独特，有多个创新元素	21~25	
成本控制	万花筒制作成本的合理性	成本严重超支	0	
		成本超支部分占原始预算的10%及以下	5	
		成本在预算内	10	
总分			0~100	

三 设计方案

（一）初步确定春节三题万花筒的设计

❶ 收集资料，了解万花筒中圆筒、底板的外观设计和材料选择。

❷ 回忆春节的喜庆元素，如春联、中国结、窗花等。

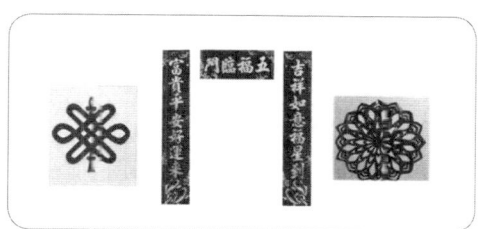

❸ 小组讨论，初步确定春节主题万花筒的外观和光影图案。

（二）选择制作春节三题万花筒的材料与工具

根据前面对万花筒的材料和结构的分析，以及春节主题万花筒的设计需求，选择制作万花筒的材料和工具，并说明理由。

可供选择的材料：

A. 透明塑料管　B. PVC管　C. 玻璃管　D. 饮料瓶　E. 平面镜　F. 凸面镜

G. 三棱镜　H. 彩色纸张　I. 贴纸　J. 珠子　K. 硬纸板　L. 塑料盘……

可供选择的工具：

A. 锯子　B. 剪刀　C. 固体胶　D. 透明胶　E. 双面胶　F. 热熔胶枪

G. 马克笔　H. 彩绘笔　I. 尺子　J. 圆规……

材料的选择

组成部分	材料（填写字母序号）	理由

可能需要用到的工具（填写字母序号）：

_____

_____

（三）绘制春节主题万花筒设计图

❶ 小组合作，结合初步确定的外观、春节元素和材料，绘制春节主题万花筒设计图（包括筒身、平面镜成像呈现出来的光影效果）。

❷ 汇报交流，每个小组讲解本组的万花筒的设计思路，其他小组从万花筒的可行性及春节元素等方面提出建议。

春节主题万花筒设计图

筒身设计	
光影素材（光影效果）	

（四）制作万花筒的项目预算

每个小组有 100 元经费可购买下列材料。除了这些材料，小组还可以根据设计需求自带其他材料，但自带材料的价格也需要列入成本预算表中。

材料清单与价格表

A. 透明塑料管 3 元／厘米	B. PVC 管 3 元／厘米	C. 玻璃管 3 元／厘米
D. 饮料瓶 1 元／个	E. 平面镜 5 元／块	F. 凸面镜 5 元／块
G. 三棱镜 5 元／块	H. 彩色纸张 1 元／张	I. 贴纸、珠子 5 元／份
J. 硬纸板 2 元／块	K. 塑料盘 4 元／块	

小组制作万花筒的成本预算表

材料（填写字母序号）	数量	单价／元	总价／元
预算总额			

四 物化设计

（一）制作原型

❶ 各小组根据成本预算表购买材料、领取工具。

❷ 小组合作，按设计图制作万花筒。

（二）原型测试

小组进行原型测试，填写测试记录表。

春节主题万花筒测试记录表

小组名称：

测试项目	测试结果（A/B/C）
光线效果	
稳定性	
色彩丰富度	
结构完整性	

【备注】

光线效果：在光线充足的环境下，观察筒身内明亮程度。

稳定性：旋转或移动筒身，观察镜面装置的稳定性。

色彩丰富度：观察万花筒内部图案的色彩丰富程度，以及镜面装置能否正确地反射光线。

结构完整性：检查万花筒的结构完整度，包括筒身的透明度、镜面装置的固定、光线入口和出口的连接等。

（测试结果 A 代表好，B 代表一般，C 代表差。）

五 交流完善

（一）汇报交流

❶ 小组展示自己的春节主题万花筒测试记录表，分析万花筒的整体情况，介绍本组的万花筒的亮点与不足。同时，回答他人提出的问题。

❷ 其他小组专心听汇报，根据汇报内容提出问题及修改建议，发现其亮点，并填写《奇幻的世界——万花筒》成果汇报交流表。

《奇幻的世界——万花筒》成果汇报交流表

汇报小组	作品亮点	作品有待改进之处	我的疑惑

小组名称：

（二）作品反思

小组根据交流意见与建议填写作品反思表，并迭代更新自己小组的春节主题万花筒的设计方案。

作品反思表

小组名称：

作品名称：

作品亮点	待改进之处	他人的改进提议

修改方案（图文并茂）

（三）定型作品

小组根据作品反思表对作品进行修改、完善，定型作品。

【创意拓展】

 一　头脑风暴

尝试通过创意设计，将万花筒应用到不同领域，如艺术展览、科学教育等。通过头脑风暴，发现更多的万花筒应用场景和可能性。尝试把你们的讨论结果画成创意思维导图吧！

创意思维导图

> （空白框）

⼆ 拓展设计

在创意万花筒的思维导图中，选择小组成员最感兴趣的一项应用，合作绘制出这个创意万花筒的设计图。

创意万花筒设计图

> （空白框）

【评价反思】

一 项目自评

请根据自己的表现进行自评。自我评价越高，用红笔填涂越多中国结。

项目自评表

评价项目	自评
能按时完成任务，并按照计划对项目进展进行记录和调整	🪢 🪢 🪢
在科学探究环节掌握了制作万花筒所需的光学知识，并能在后续的制作过程中学以致用	🪢 🪢 🪢
在设计万花筒时，展现了创新思维，使用了独特的图案和色彩组合	🪢 🪢 🪢
在项目过程中遇到困难和挑战时，能积极思考寻找解决问题的方法	🪢 🪢 🪢

（续表）

评价项目	自评
在团队工作中，能有效地与队友沟通，共同完成项目	🪢 🪢 🪢
在展示作品环节，乐于交流与互评，对作品的不足之处进行反思	🪢 🪢 🪢
综合评价	🪢 🪢 🪢

二 基础测验

（一）选择题

1. 能实现万花筒的"万"的特性的关键部分是（　　）。

　　A. 镜子

　　B. 光线入口和出口

　　C. 筒身

　　D. 装饰和附件

2. 万花筒的镜面装置通常由几块镜子组成？（　　）

　　A.1 块　　　　　　B.2 块　　　　　C.3 块　　　　　D.4 块

3. 万花筒产生华丽视觉效果的原因是（　　）。

　　A. 光线的反射

　　B. 材料的颜色

　　C. 筒身的形状

　　D. 装饰的花纹

4. 以下哪项不是万花筒的常见装饰和附件？（　　）

　　A. 彩色纸张　　　B. 绳索　　　　　C. 珠子　　　　　D. 电池

5. 万花筒的旋转装置的作用是（　　）。

　　A. 改变光线的方向

　　B. 提升装饰的效果

　　C. 提升交互体验和观赏效果

　　D. 使万花筒更易制作

（二）判断题

1. 万花筒的筒身必须采用不透明材料。 　　　　　　　　　　（　　）

2. 万花筒的镜面装置决定了光线的反射效果。 　　　　　　　（　　）

3. 万花筒的光线入口和出口都位于同一端。 　　　　　　　　（　　）

4. 万花筒的装饰和附件的主要作用是增加结构的稳定性。 　　（　　）

5. 万花筒的旋转装置可以提升交互体验和观赏效果。 　　　　（　　）

三 PMIQ 反思

学生完成项目学习后进行 PMIQ 反思，填写下表。

小组名称：		学生姓名：	
项目名称：			
Plus 我已学懂的知识	Minus 我还未学懂的知识	Interest 我还想继续关注的知识	Questions 我仍然存在疑问的知识

沉浮的秘密——船

项目简介

　　本项目以乐高小人寻宝为情境，由学生担任设计团队，帮助乐高小人设计并制作寻宝小船。学生利用科学探究了解影响船的沉与浮的因素，通过工程设计流程设计并制作一艘能承重并平稳运行的小船。最后在创意拓展环节，学生改进原来模型的形状，加快模型的行驶速度，使寻宝小船的功能更全面。

跨学科学习目标

科学目标	工程目标	技术目标
能利用控制变量法探究影响船的沉与浮的因素；探究影响船的载重量的因素。	能研讨并设计寻宝小船的评价指标；能利用示意图表示寻宝小船的创意结构及功能；能基于科学原理等证据，论证设计方案的可行性与合理性；能根据项目需求准确选择船的动力系统。	能说出古人造船使用的方法与技术；能应用增大船的体积的方法设计并制作出载重量更大的船。

数学目标	艺术目标	语言目标
能根据材料及价格进行成本预算；能根据乐高小人和宝藏的重量测量和确定寻宝小船的规格和尺寸。	能结合"寻宝"的主题，美化小船的外观。	能理解和分析阅读材料，讲述船的发展历史；能在展示交流活动中流畅表达设计与制作寻宝小船的过程。

驱动问题

项目核心驱动问题：

　　如何设计并制作一艘能承重、平稳运行的寻宝小船？这艘小船需要满足什么标准？

本项目共分五个环节进行，每个环节的问题如下：

环节	问题
问题聚焦	1. 我们要设计一艘什么样的寻宝小船？需要考虑哪些因素？ 2. 船的发展历史经历了什么阶段？船的动力系统是如何变化的？
科学探究	1. 如何让沉的材料浮起来？ 2. 如何增大船的载重量？
设计制作	1. 针对寻宝小船的评价指标是什么？ 2. 如何选择制作寻宝小船的材料与工具？成本预算是多少？ 3. 如何利用示意图表达寻宝小船的设计方案？ 4. 如何进行寻宝小船的承重和行驶测试？ 5. 如何选择合适的方式展示寻宝小船？ 6. 如何根据展示交流结果改进寻宝小船？
创意拓展	1. 寻宝小船的行驶速度和什么因素有关？ 2. 如何加快原寻宝小船的行驶速度？
评价反思	1. 我在项目实施过程中各方面表现如何？ 2. 我掌握了哪些关于影响船的沉与浮的因素与工程设计的基础知识？ 3. 我有哪些进步和不足？

 活动过程

【问题聚焦】

一 **情境问题**

（一）创设真实情境

乐高小人收到情报，在2米开外的小岛上，有一处大宝藏（内有4个金蛋），它们想乘坐一艘小船去寻宝。于是它们发起一份征集令，希望有一批小小工程师，为它们设计并制作一艘能承重且平稳行驶的小船，帮助它们顺利到达小岛，并把宝藏平稳运送回来。同学们，你们能挑战自己，帮助乐高小人顺利寻宝吗？

（二）提出问题

我们要设计一艘什么样的寻宝小船？需要考虑哪些因素？

二 确定目标

进行小组讨论，确定小组制作的小船要达到的目标，填写目标计划表。

目标计划表

小组名称	
小组成员	

我们的目标

（考虑寻宝小船的尺寸、结构或承重及平稳行驶目标等。）

三 阅读研讨

船的历史及其动力系统的发展

①最早的船只——木筏和独木舟。

在很早以前，我们的祖先就已经能够制作简单的船只了。最早的船只可能是由漂浮在水面上的树枝或木头制成的木筏，或者是挖空树木制成的独木舟。这些船只主要依靠人力用桨划水前进，简单但实用。

②风帆时代的到来。

随着时间的推移，人类发现了风力这个强大的自然力量。大约在公元前 3000 年，古埃及人和腓尼基人开始使用帆布来捕捉风力，驱动船只前行。这种依靠风力行驶的船只叫作"帆船"。帆船的出现，使得船只可以在海上行驶更远的距离，促进了世界各地的交流和贸易。

③蒸汽机的革新。

到了 18 世纪，一个名叫詹姆斯·瓦特的人发明了蒸汽机，这改变了世界。不久之后，蒸汽机也被应用到了船只上，这就是蒸汽船的诞生。蒸汽船不再依赖风力，它们可以使用蒸汽动力在河流和海洋中自由行驶。蒸汽机大大提高了船只行驶的速度和稳定性。

④柴油引擎与电力推进。

随着科技的不断进步，20 世纪出现了更加高效的柴油引擎。柴油引擎比蒸汽机更强大，更经济实惠，因此成了现代船只的主要动力来源之一。此外，一些船只还开始使用电力作为动力，这种船被称为电动船，它们更加环保，噪声也更小。

小组研讨，并回答下面的问题。

1. 说一说：船的发展历史经历了什么阶段？

2. 船的动力系统有过哪些变化？我们可以选择什么动力系统驱动小船？理由是什么？

【科学探究】

一 激趣导入

（一）阅读"科学"号小档案

"科学"号是一艘由我国自主创新研发的长 99.8 米、排水量达 4711 吨的巨船。自投入试运行以来，"科学"号曾多次赴深海大洋，帮助科学家进行深度科学考察，并取得了丰硕成果。如此巨大、沉重的一艘船，是如何能浮在水面呢？

（二）提出科学探究问题

❶ 如何让沉的材料浮起来？

❷ 如何增大船的载重量？

二 实验探索

（一）探索一　让沉的材料浮起来

❶ 思考并作出假设：如何让沉的材料浮起来？

❷ 设计实验。

材料：橡皮泥、铝箔纸、水、垫片。

实验过程：

学生分别用橡皮泥和铝箔纸做一艘船，让它们能漂浮在水面上，并尝试装载一定重量的物品。

❸ 按要求做实验，画出橡皮泥和铝箔纸被用于制作船之前和之后的外观，进行小组汇报。

实验记录单

物品	制作前	制作后
橡皮泥		
铝箔纸		

❹ 研讨解释。

根据探索一的现象和结果等信息，推理出影响船沉与浮的因素。

（二）探索二　增大船的载重量

❶ 思考并作出假设：如何增大船的载重量？

❷ 设计实验。

材料：铝箔纸、水、垫片。

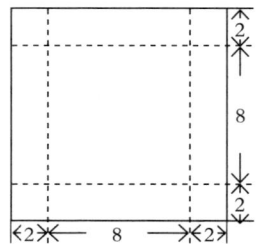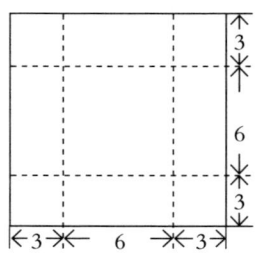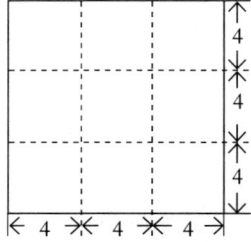

设计底面积不同的铝箔船（单位：厘米）

实验过程：

如图所示，设计并制作底面积不同的 3 只铝箔船并编号（船 1～船 3），分别计算它们的体积，用垫圈模拟重物，做重复实验，统计哪只船的载重量更大。

❸ 按要求做实验，填写实验记录单，进行小组汇报。

实验记录单

船型	载重量/元			
	第1次	第2次	第3次	平均值
船1				
船2				
船3				

❹ 研讨解释。

3只船中，载重量从大到小的顺序是＿＿＿＿＿＿＿＿；3只船中，体积从大到小的顺序是＿＿＿＿＿＿＿＿。经过比较与分析数据，我们发现增大船的载重量的方法是＿＿＿＿＿＿＿＿。

三 总结研讨

（一）探究总结

> **通过科学探究，我们知道**
> 1. 把沉的材料做成空心结构容易浮起来。
> 2. 增大船的体积可以增大船的载重量。

（二）拓展研讨

通过科学探究可知，要设计制作1艘载重量更大的寻宝小船，应该使用什么方法？

【设计制作】

一 分析产品

观察普通小船，分析小船的组成部分及各部分的功能，了解小船各部分的主要制作材料。

（一）分条列举小船的组成部分及各部分的功能

1.＿＿＿＿＿＿＿＿＿＿＿＿＿＿＿＿＿＿＿＿＿＿＿＿＿

2.＿＿＿＿＿＿＿＿＿＿＿＿＿＿＿＿＿＿＿＿＿＿＿＿＿

3.＿＿＿＿＿＿＿＿＿＿＿＿＿＿＿＿＿＿＿＿＿＿＿＿＿

4.＿＿＿＿＿＿＿＿＿＿＿＿＿＿＿＿＿＿＿＿＿＿＿＿＿

（二）写出小船的组成部分的名称，并说一说主要材料

选词填空：船体、船帆、龙骨、桅杆

二　共研标准

教师与学生一起讨论并确定针对寻宝小船的评价指标。以"美观程度、防水性能、稳定载重、行驶性能、成本控制"为评价指标制订寻宝小船模型评分表。

寻宝小船模型评分表

评价指标	指标含义	评分依据	分值	得分
美观程度	寻宝小船的结构和外观设计对人的吸引程度	小船外观设计不具特色且不能表达寻宝主题，色彩单调或混乱，船身比例不协调	0~10	
		小船的外观设计能表达寻宝主题，色彩搭配合理，船身比例恰当	11~20	
		小船的外观设计与装饰物等能鲜明表达寻宝主题，色彩搭配和谐，船身整体比例协调	21~30	
防水性能	寻宝小船来回双程后的防水效果	小船来回双程后船身出现进水情况	0	
		小船密封性好，来回双程后船身没有出现进水情况	10	
稳定载重	寻宝小船可稳定地承载乐高小人与金蛋宝藏的数量	每个乐高小人＋1分	0~4	
		每个金蛋＋1.5分	0~6	

（续表）

评价指标	指标含义	评分依据	分值	得分
行驶性能	寻宝小船稳定行驶、成功往返起点与终点的能力	小船行驶过程方向偏离，无法到达终点	0~15	
		小船行驶方向大致准确，基本完成来回行驶	16~30	
		小船行驶方向精准，且能顺利往返于起点与终点	31~40	
成本控制	寻宝小船成本控制和节约材料的水平	成本严重超支，浪费材料	0	
		成本超支部分占原始预算的10%及以下	5	
		成本在预算内	10	
总分			0~100	

三 设计方案

（一）初步确定寻宝小船的设计

❶ 在互联网上搜索、借鉴各种小船的船体结构、动力系统。

❷ 查阅寻宝冒险的特色素材，如藏宝图、危险环境、神秘宝藏等。

 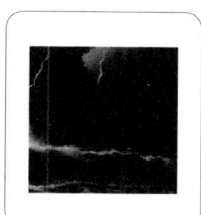 

❸ 小组讨论，初步确定寻宝小船的结构与外观。

（二）选择制作寻宝小船的材料与工具

根据前面对寻宝小船的结构与材料的分析，以及小组讨论的寻宝小船设计需求，选择制作小船的材料和工具，并说明理由。

可供选择的材料：

A.泡沫板　B.木板　C.铝箔　D.小电动机　E.小风扇　F.电池

G.导线　H.开关　I.硬卡纸　J.KT板　K.木条　L.帆布　M.超轻黏土……

可供选择的工具：

A.胶水　B.双面胶　C.热熔胶枪　D.剪刀　E.尺子　F.铅笔

G.马克笔　H.小刀　K.钩码……

材料的选择

组成部分	材料（填写字母序号）	理由
船体		
龙骨		
桅杆		
帆布		

可能需要用到的工具（填写字母序号）：

_____

_____

（三）绘制寻宝小船的设计图

❶ 小组合作，结合初步确定的特色元素、外观和材料，绘制具有特色的寻宝小船设计图。

❷ 汇报交流，每个小组讲解本组的寻宝小船的设计意图，其他小组从小船的稳定载重能力及美观程度等方面提出建议。

寻宝小船设计图

从正面看	
从侧面看	
从上面看	
寻宝元素	

（四）制作寻宝小船的项目预算

每个小组有 100 元经费可购买下列材料。除了这些材料，小组还可以根据设计需求自带其他材料，但自带材料的价格也需要列入成本预算表中。

材料清单与价格表

A. 泡沫板 10 元／块	B. 木板 5 元／块	C. 铝箔 5 元／张
D. 小电动机 15 元／个	E. 小风扇 10 元／个	F. 电池 5 元／个
G. 导线 2 元／根	H. 开关 5 元／个	I. 硬卡纸 5 元／张
J. KT 板 10 元／张	K. 木条 3 元／条	L. 帆布 10 元／张
M. 超轻黏土 5 元／份		

小组制作寻宝小船的成本预算表

材料（填写字母序号）	数量	单价/元	总价/元
预算总额			

四 物化设计

（一）制作原型

❶ 各小组根据成本预算表购买材料、领取工具。

❷ 小组合作，按设计图制作寻宝小船，并进行防水性能、稳定载重、行驶性能等测试。

（二）原型测试

小组进行原型测试，填写测试记录表。

寻宝小船测试记录表

小组名称：

测试项目	测试结果	
能否漂浮（√／×）		
能否防水（√／×）		
稳定载重／个	乐高小人：	金蛋：
行驶方向准确性（√／×）		
往返来回时间／秒		

【备注】

防水测试：主要观察小船来回双程后，是否会出现进水情况。

稳定载重测试：主要观察往船上放乐高小人或金蛋后，水是否没过甲板或船身，是否侧翻。

行驶方向准确性测试：主要观察小船能否进入以起点或终点为中心的10厘米范围内。

五　交流完善

（一）汇报交流

❶ 小组展示自己的寻宝小船测试记录表，分析寻宝小船的结构与功能，介绍本组的寻宝小船的亮点与不足。同时，回答他人提出的问题。

❷ 其他小组专心听汇报，根据汇报内容提出问题及修改建议，发现其亮点，并填写《沉浮的秘密——船》成果汇报交流表。

《沉浮的秘密——船》成果汇报交流表

小组名称：

汇报小组	作品亮点	作品有待改进之处	我的疑惑

（二）作品反思

小组根据交流意见与建议填写作品反思表，并迭代更新自己小组的寻宝小船设计方案。

作品反思表

小组名称：		
作品名称：		
作品亮点	待改进之处	他人的改进提议
修改方案（图文并茂）		

（三）定型作品

小组根据作品反思表对作品进行修改、完善，定型作品。

【创意拓展】

一 头脑风暴

乐高小人收到情报，情报员在另一个小岛发现一处更大的宝藏。乐高小人希望工程师能改造小船，加快船的行驶速度，保证自己团队的船最先到达小岛，取得宝藏。请小小工程师们开始头脑风暴：如何加快船的行驶速度。并根据讨论结果画出创意思维导图。

创意思维导图

二　拓展设计

在"快速行驶的寻宝小船"创意思维导图中，选择小组成员认为最合理的一项，合作绘制出这艘寻宝小船的设计图。

快速行驶的寻宝小船的设计图

【评价反思】

一　项目自评

请根据自己的表现进行自评。自我评价越高，填涂越多小船。

项目自评表

评价项目	自评
能与小组成员进行良好的沟通，确定目标计划，并按计划开展活动	🚢 🚢 🚢
能通过阅读资料、观看视频等多途径了解船的发展史、船的动力系统变化历程的相关信息	🚢 🚢 🚢
能通过科学探究实验理解如何让沉的材料浮起来及如何增大船的载重量	🚢 🚢 🚢
能有创造性地运用寻宝元素完成寻宝小船外观的设计	🚢 🚢 🚢
能选择合适的材料和工具，制作出能稳定载重的寻宝小船	🚢 🚢 🚢
在展示作品环节，乐于分享创作经验，并与其他小组交流互评，对作品进行反思	🚢 🚢 🚢

（续表）

评价项目	自评		
能根据"让船变快"的要求，合理改造船的结构	⛴	⛴	⛴
综合评价	⛴	⛴	⛴

二 基础测验

（一）选择题

1．以下哪种物体应用了空心结构来增加浮力？（　　）

　　A．铅球　　　　　　B．橡皮艇　　　　　　C．实心铁块

2．一艘装有货物的船在水中，如果要增加其载重量，应该采取的措施是（　　）。

　　A．减小船体体积

　　B．增大船体体积

　　C．改变水的密度

3．关于船只设计，下列说法正确的是（　　）。

　　A．实心材料的船比空心材料的船更容易浮在水面上

　　B．只要船体材料足够轻，任何形状的船都能浮起来

　　C．船体越大，其稳定性一定越差

4．以下哪个因素不会影响船的载重能力？（　　）

　　A．船体材料的密度

　　B．船体的形状

　　C．船体的颜色

5．如果两艘船的体积相同，且材料相同，其中一艘是用空心结构制成的，另一艘则不然，那么（　　）。

　　A．空心结构的船比另一艘船载重量小

　　B．空心结构的船与另一艘船载重量相同

　　C．空心结构的船比另一艘船载重量大

（二）判断题

1. 空心结构的物体因为内部是空的，所以总是比实心结构的物体轻。

（　　）

2. 一艘船如果使用更轻的材料制造，它的载重能力可能会提高。　（　　）

3. 只要船体的总体积足够大，不管其形状如何，它都能浮在水面上。

（　　）

4. 增加船体的空心部分可以有效提高船的载重能力。　（　　）

5. 两艘体积相同的船，使用空心结构设计的船会比使用实心结构设计的船有更大的载重能力。　（　　）

三　PMIQ 反思

学生完成项目学习后进行 PMIQ 反思，填写下表。

小组名称：		学生姓名：	
项目名称：			
Plus 我已学懂的知识	Minus 我还未学懂的知识	Interest 我还想继续关注的知识	Questions 我仍然存在疑问的知识

六年级 走近前沿

从磁悬浮列车到电磁创想

📖 项目简介

　　本项目以学生在科学夏令营体验磁悬浮列车为情境，学生从磁悬浮列车联想到电磁作品，利用科学探究了解电和磁的相互转换、影响电磁铁磁性和磁极方向的因素等科学原理，并以此为理论基础，发挥想象力，通过工程设计流程设计并制作电磁创想作品。最后，以儿童乐园为主题，引导学生设计更多符合主题的电磁创想作品，进一步提高学生的观察能力与动手实践能力。

👤 跨学科学习目标

科学目标	工程目标	技术目标
通过科学探究了解电和磁之间能相互转换；利用控制变量法探究影响电磁铁的磁性和磁极方向的因素；探究影响电动机转动状态的因素。	能用工程设计的方法设计电磁创想作品的方案；能为制作电磁创想作品选择合适的材料；能对电磁创想作品进行测试，并对作品进行迭代更新。	能应用增大电流、增强磁铁磁性、改变电流或磁极方向等方法改变电磁创想作品的运动状态；能使用合适的工具制作并改进电磁创想作品。
数学目标	艺术目标	语言目标
能根据材料的成本做好项目预算；能合理测量与计算电磁创想作品各组成部分的尺寸。	能结合抽象图形、宇宙太空元素、人工智能图标等元素设计电磁创想作品的外观，使其富有科技感。	能理解和分析阅读材料，讲述磁悬浮列车的发明与发展过程；能在展示交流活动中流畅表达设计与制作电磁创想作品的过程。

⏱ 驱动问题

项目核心驱动问题

　　如何设计并制作一个运动状态可控的电磁创想作品？这个作品需要满足什么标准？

本项目共分五个环节进行，每个环节的问题如下：

环节	问题
问题聚焦	1. 我们要设计并制作一个什么样的电磁创想作品？做该作品需要考虑哪些因素？ 2. 磁悬浮列车的发展具体经历了什么阶段？
科学探究	1. 电和磁有什么关系？ 2. 电磁铁的磁性和什么因素有关？ 3. 电磁铁的磁极方向和什么因素有关？ 4. 电动机的转动状态与什么因素有关？
设计制作	1. 电磁创想作品的评价指标是什么？ 2. 如何选择制作电磁创想作品的材料与工具？成本预算是多少？ 3. 如何利用示意图表达电磁创想作品的设计方案？ 4. 如何测试电磁创想作品的运动状态？ 5. 如何选择合适的方式展示与交流电磁创想作品？ 6. 如何根据展示交流结果改进电磁创想作品？
创意拓展	儿童公园中有哪些机动游戏运用了电磁原理？
评价反思	1. 我在项目实施过程中各方面表现如何？ 2. 我掌握了哪些关于电磁原理与工程设计的基础知识？ 3. 我有哪些进步与不足？

 活动过程

【问题聚焦】

一　情境问题

（一）创设真实情境

去年的科学夏令营，小叶和同学去上海体验了一次新奇刺激的磁悬浮列车之旅。登上磁悬浮列车后，映入眼帘的是宽敞明亮的车厢。列车启动时，小叶感受到轻微的震动，随后列车逐渐加速。慢慢地，小叶有一种轻盈的悬浮感，仿佛坐在浮动的飞船中。窗外景色飞速变幻，尽管列车速度迅速提升，但内部仍然非常平稳，小叶几乎感受不到任何颠簸。而且列车内部的噪声非常低，小叶与同学轻松地交谈着，他们希望回到学校后能利用磁悬浮列车中涉及的电磁知识，设计并制作一个运动状态可控的电磁创想作品。

（二）提出问题

我们要设计并制作一个什么样的电磁创想作品？需要考虑哪些因素？

二 确定目标

进行小组讨论，确定小组制作的电磁创想作品要达到的目标，填写目标计划表。

目标计划表

小组名称	
小组成员	

我们的目标

（电磁创想作品的尺寸、结构等。）

三 阅读研讨

磁悬浮列车的科技飞跃

磁悬浮列车通过磁铁的相互作用力实现悬浮，利用电磁感应推进。工人在轨道和列车上安装磁铁，利用同性相斥原理使列车悬浮。通过控制电磁铁的吸引力或排斥力，可以实现对列车的操控。同时，电磁感应在轨道和列车间产生推力，推动列车前进。磁悬浮列车具有摩擦阻力小、噪声小、效率高、维护成本低等优点。

在探索未来交通方式的征途中，磁悬浮列车如同一颗璀璨的明珠，以其独特的电磁技术吸引着世人的目光。这种利用磁力使列车浮起运行的奇妙设计，不仅令摩擦阻力大大缩小，还让列车的速度和平稳性得到革命性的提升。

早在19世纪，科学家们便开始梦想能够消除地面摩擦，制造出飞驰于轨道之上的列车。而真正将这一梦想变为现实的尝试，则出现在20世纪中叶。德国工程师赫尔曼·肯佩尔首次提出了磁悬浮列车的概念，并建造了世界上第一条具有实验性质的磁悬浮铁路。它采用电磁吸引力原理，通过改变电流来控制列车的悬浮状态。

随后几十年间，随着材料科学、电子工程及控制理论的发展，磁悬浮列车技术也日益成熟。日本在 20 世纪 70 年代推出了 MLU 系列磁悬浮列车，标志着磁悬浮技术从实验室走到了现实生活中。这些列车以超导磁体为核心技术，能够在低温环境下产生强大的磁场，从而实现更高效、更稳定的悬浮效果。

进入 21 世纪，中国的磁悬浮列车发展迅猛。上海磁悬浮列车示范运营线不仅展示了中国在这一领域的技术成就，也向世界证明了磁悬浮技术的可行性和潜力。如今，磁悬浮列车已成为城市快速交通的重要选择之一。

磁悬浮列车的历史是一部人类不断超越自我的史诗。从最初的概念到现今成熟的技术应用，每一次进步都凝聚着科学家和工程师的智慧与努力。展望未来，这种融合了创新与梦想的交通方式，必将继续在科技的星空中熠熠生辉。

小组研讨，并完成下面的题目。

1. 请用横线画出文章中对磁悬浮列车原理的描述，并在下方以图文的形式展示你的理解。

2. 说一说磁悬浮列车的发明与发展过程。

3. 请继续查阅资料，说一说：磁悬浮列车目前还面临什么技术挑战？科学家和工程师将如何突破？

【科学探究】

 激趣导入

（一）观察电磁小装置

如图所示，将 1 节电池放在磁铁上方，套上螺旋形线圈，组成电磁小装置，线圈就能转动起来。

（二）提出科学探究问题

❶ 电和磁有什么关系？

❷ 电磁铁的磁性和什么因素有关？

❸ 电磁铁的磁极方向和什么因素有关？

❹ 电动机的转动状态与什么因素有关？

二 实验探索

（一）探索一 电与磁的关系

❶ 思考并作出假设：电与磁能否相互转换？

❷ 设计实验。

材料：开关、小灯泡、电池、指南针、导线、线圈。

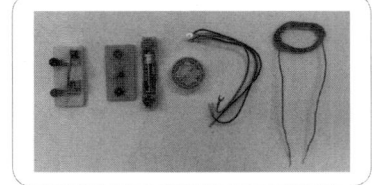

实验过程：

（1）实验一：将导线放在指南针上方并和磁针方向一致，通电后，观察磁针的偏转角度。断开电路，再观察，重复以上操作几次；去掉小灯泡，将电路改成短路电路，重复以上实验。

（2）实验二：将通电线圈靠近指南针，观察磁针的偏转角度，尝试各种摆放方式，令磁针偏转角度最大。

（3）观看法拉第磁生电实验演示视频，并概述视频内容。

❸ 按要求做实验，填写实验记录单，进行小组汇报。

实验一记录单

实验方式	实验现象	
	有小灯泡时	电路短路时
接通电路测试	导线方向与磁针方向一致 画出通电时，磁针的偏转角度	导线方向与磁针方向一致 画出通电时，磁针的偏转角度

【备注】

电路短路时电池发热快，所以只能短暂接通。

实验二记录单

实验方式	实验现象
通电线圈	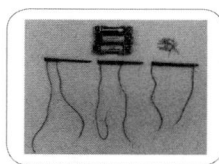
画出通电时，磁针偏转角度最大时，线圈的摆放方式

④ 研讨解释。

根据探索一的现象和结果等信息，推理出电与磁的关系。

（二）探索二 影响电磁铁磁性的因素

① 思考并作出假设：电磁铁的磁性和什么因素有关？

② 设计实验。

材料：线圈匝数不同的电磁铁、电池（含电池盒）、大头针。

实验过程：

将导线缠绕在铁钉上，组装成电磁铁（由铁芯与导线组成的装置），吸取大头针。

（1）实验一：利用控制变量法，改变线圈匝数，通电后观察电磁铁吸取大头针的数量变化，推测线圈匝数与电磁铁磁性的关系。

（2）实验二：利用控制变量法，改变电流大小，观察电磁铁吸取大头针的数量变化，推测电流大小与电磁铁磁性的关系。

③ 按要求做实验，填写实验记录单，进行小组汇报。

实验一记录单

线圈匝数	吸引的大头针数量/个				磁性强弱
	第1次	第2次	第3次	平均数	（强/中/弱）
20 圈					
40 圈					
60 圈					

我们的发现　其他条件相同时，电磁铁线圈匝数越多，电磁铁磁性越_____（强╱弱）。

实验二记录单

电池数量（电流大小）	吸引的大头针数量／个				磁性强弱（强／中／弱）
	第1次	第2次	第3次	平均数	
1节					
2节					
3节					

我们的发现：其他条件相同时，通过电磁铁的电流越大，电磁铁磁性越_____（强╱弱）。

❹ 研讨解释。
根据探索二的现象和结果等信息，推理出影响电磁铁磁性的因素。

（三）**探索三**　影响电磁铁磁极方向的因素

❶ 思考并作出假设：电磁铁有磁极吗？磁极方向和什么因素有关？

❷ 设计实验。

材料：指南针、电池（含电池盒）、电磁铁。

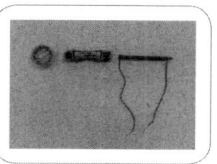

实验过程：

电磁铁通电后，用电磁铁的钉尖和钉帽分别靠近指南针，观察并记录电磁铁丙端的极性；改变线圈绕线方向、电池正负极接法，重复以上操作。

❸ 按要求做实验，将下图内容补全，进行小组汇报。

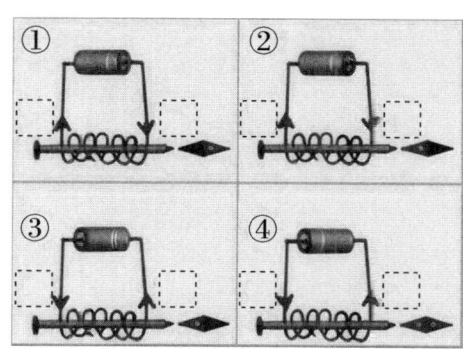

❹ 研讨解释。

根据探索三的现象和结果等信息，推理出影响电磁铁磁极方向的因素。

（四）**探索四** 影响电动机转动状态的因素

❶ 思考并作出假设：什么是电动机？电动机的转动状态和什么因素有关？

❷ 设计实验。

材料：电动机、转子模型、导线、一对磁铁、电池、大头针。

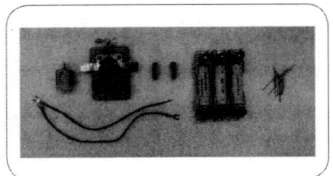

实验过程：

（1）实验一：观察电动机内部结构，分析转子与电磁铁的共同结构。给转子通电后，靠近大头针，观察现象。

（2）实验二：测试转子模型。通电后，用一对磁铁靠近转子，使转子转动。利用控制变量法，改变磁铁与转子间的距离，观察转子转动速度的变化。

（3）实验三：利用控制变量法，改变通过转子线圈的电流的大小，观察转子转动速度的变化。

（4）实验四：利用控制变量法，改变通过转子线圈的电流的方向或磁铁磁极方向，观察转子的转动方向的变化。

❸ 按要求做实验，填写实验记录单，进行小组汇报。

实验一记录单

电动机内部结构	
转子与电磁铁的共同结构	（　）　　　　　　　　　（　）
实验现象	转子通电后，＿＿＿＿＿（能／不能）吸引大头针，因此，它＿＿＿＿＿（是／不是）一个电磁铁。

实验二记录单

磁铁与转子的距离	转子转动速度（慢 / 较快 / 快）
近	
较远	
远	

实验三记录单

电池数量（电流大小）	转子转动速度（慢 / 较快 / 快）
1 节	
2 节	
3 节	

实验四记录单

电流 / 磁极方向	转子转动方向（顺时针 / 逆时针）

❹ 研讨解释。

根据探索四的现象和结果等信息，推理出影响转子转动状态的因素。

三　总结研讨

（一）探究总结

> **通过科学探究，我们知道**
>
> 　1. 电与磁可以相互转换。
> 　2. 改变电磁铁线圈匝数多少或电流大小可以改变电磁铁的磁性强弱。
> 　3. 改变通过电磁铁线圈的电流方向可以改变电磁铁的磁极方向。
> 　4. 改变磁铁与转子的距离或改变通过转子线圈的电流的大小可以改变转子转动速度的快慢。
> 　5. 改变磁铁的磁极方向或改变通过转子线圈的电流的方向可以改变转子的转动方向。

（二）拓展研讨

要设计并制作一个能改变运动状态的电磁创想作品，该科学探究结果可以给我们什么启示？

【设计制作】

一　分析产品

观察市面上的电磁产品，分析电磁产品的组成部分及各部分的功能，了解电磁产品各部分的主要制作材料。

（一）分条列举电磁产品的组成部分及各部分的功能

1.＿＿＿＿＿＿＿＿＿＿＿＿＿＿＿＿＿＿＿＿＿＿＿＿＿＿＿

2.＿＿＿＿＿＿＿＿＿＿＿＿＿＿＿＿＿＿＿＿＿＿＿＿＿＿＿

3.＿＿＿＿＿＿＿＿＿＿＿＿＿＿＿＿＿＿＿＿＿＿＿＿＿＿＿

（二）写出电磁产品的组成部分的名称，并说一说主要材料

选词填空：磁铁、线圈、电池

二 共研标准

教师与学生一起讨论并确定电磁创想作品的评价指标。以"美观程度、创意设计、运转性能、稳定性能、成本控制"为评价指标制订电磁创想作品评分表。

电磁创想作品评分表

评价指标	指标含义	评分依据	分值	得分
美观程度	电磁创想作品的外观设计、制作工艺和色彩搭配等带给人的视觉感受	电磁创想作品的外观简单；选材不合理，加工处理后有较多瑕疵；色彩搭配混乱	0~10	
		电磁创想作品的外观简洁；选材一般，加工处理后有一定的瑕疵；色彩搭配合理	11~20	
		电磁创想作品的外观简洁，比例协调，有科技设计元素；选材合适，加工处理后细节巧妙；色彩简约，富有现代感	21~30	
创意设计	电磁创想作品整体设计的创新性和独特性	与市面上的电磁作品高度雷同，不具有创新性	0~5	
		与市面上的电磁作品较相似，创新性一般	6~10	
		能将电磁知识有创造性地融入生活各种要素中，设计不拘一格	11~20	

（续表）

评价指标	指标含义	评分依据	分值	得分
运转性能	电磁创想作品控制运转速度与方向的能力	不能控制电磁创想作品运转的速度与方向	0	
		能控制电磁创想作品运转的速度与方向	20	
稳定性能	电磁创想作品在通电后稳定、流畅运转的能力	通电后，电磁创想作品不能稳定地运转或切换运动状态时出现明显卡顿	0	
		通电后，电磁创想作品能稳定地运转，而且能流畅地切换运动状态	20	
成本控制	电磁创想作品成本控制和节约材料的水平	成本严重超支，浪费材料	0	
		成本超支部分占原始预算的10%及以下	5	
		成本在预算内	10	
总分			0~100	

三 设计方案

（一）初步确定电磁创想作品的设计

❶ 在互联网上搜索、借鉴他人的各种电磁作品的内部结构和外观设计。

❷ 查阅有科技感的形象素材，如抽象图形、宇宙太空元素、人工智能图标等，并将其融入电磁创想作品中。

❸ 小组讨论，初步确定电磁创想作品的结构与外观设计。

（二）选择制作电磁创想作品的材料与工具

根据前面对电磁创想作品的结构与材料的分析，以及小组讨论的电磁创想作品设计需求，选择制作电磁创想作品的材料和工具，并说明理由。

可供选择的材料：

A. 铜线　B. 铁线　C. 条形磁铁　D. 钕铁硼磁铁　E. 3.7V 锂电池

F. 5 号电池　G. 开关　H. 绝缘胶带　I. 筷子　J. KT 板　K. 雪弗板

L. 超轻黏土……

可供选择的工具：

A. 热熔胶枪　B. 剪刀　C. 尺子　D. 铅笔　E. 马克笔　F. 小刀……

材料的选择

组成部分	材料（填写字母序号）	理由
电源		
磁铁		
线圈		
其他材料（搭建外观）		

可能需要用到的工具（填写字母序号）：

_____

_____

（三）绘制电磁创想作品的设计图

❶ 小组合作，结合初步确定的科技特色元素、外观设计和选择的材料，绘制能控制运动状态的、有科技元素的电磁创想作品设计图。

❷ 汇报交流，每个小组讲解本组的电磁创想作品的设计意图，其他小组从作品的科技元素设计及运转性能等方面提出建议。

电磁创想作品设计图

正视图	
科技元素	

（四）制作电磁创想作品的项目预算

每个小组有 100 元经费可购买下列材料。除了这些材料，小组还可以根据设计需求自带其他材料，但自带材料的价格也需要列入成本预算表中。

材料清单与价格表

A. 铜线 5 元／份	B. 铁线 2 元／米	C. 条形磁铁 5 元／个
D. 钕铁硼磁铁 10 元／个	E. 3.7V 锂电池 10 元／块	F. 5 号电池 7.5 元／块
G. 开关 1 元／个	H. 绝缘胶带 5 元／卷	I. 筷子 2 元／根
J. KT 板 10 元／块	K. 雪弗板 15 元／张	L. 超轻黏土 10 元／份

小组制作电磁创想作品的成本预算表

材料（填写字母序号）	数量	单价/元	总价/元
预算总额			

四 **物化设计**

（一）制作原型

❶ 各小组根据成本预算表购买材料、领取工具。

❷ 小组合作，按设计图制作电磁创想作品。

（二）原型测试

小组进行原型测试，填写测试记录表。

电磁创想作品功能测试记录表

小组名称:	
测试项目	测试结果（√/×）
能否运转	
能否控制快慢	
能否控制方向	
能否流畅切换运动状态	

五 交流完善

（一）汇报交流

❶ 小组展示自己的电磁创想作品功能测试记录表，分析电磁创想作品的结构与功能，介绍本组的电磁创想作品的亮点与不足。同时，回答他人提出的问题。

❷ 其他小组专心听汇报，根据汇报内容提出问题及修改建议，发现其亮点，并填写《从磁悬浮列车到电磁创想》成果汇报交流表。

《从磁悬浮列车到电磁创想》成果汇报交流表

小组名称:			
汇报小组	作品亮点	作品有待改进之处	我的疑惑

（二）作品反思

小组根据交流意见与建议填写作品反思表，并迭代更新自己小组的电磁创想作品设计方案。

作品反思表

小组名称：		
作品名称：		
作品亮点	待改进之处	他人的改进提议
修改方案（图文并茂）		

（三）定型作品

小组根据作品反思表对作品进行修改、完善，定型作品。

【创意拓展】

 头脑风暴

儿童乐园里，有各种各样的机动游戏，如旋转木马、大摆锤、过山车等，它们都涉及电磁原理。聪明的小设计师，请你们开展头脑风暴，以思维导图的形式，汇总你们所知道的儿童乐园里可能使用电磁原理的机动游戏。

儿童乐园机动游戏思维导图

二 拓展设计

在"儿童乐园机动游戏"思维导图中，选择小组成员最感兴趣的一项，合作绘制出这个机动游戏的简图，并标出机动游戏中的电磁装置的位置。

儿童乐园机动游戏简图

【评价反思】

一　项目自评

请根据自己的表现进行自评。自我评价越高，填涂越多列车。

项目自评表

评价项目	自评
能与小组成员进行良好的沟通，确定目标计划，并按计划开展活动	🚄 🚄 🚄
能通过阅读资料、观看视频等多途径了解磁悬浮列车的发展历程、生活中运用电磁原理的实例等相关信息	🚄 🚄 🚄
能通过科学探究实验理解电与磁的关系、影响电磁铁磁性和磁极方向的因素，以及影响电动机转动状态的因素	🚄 🚄 🚄
能融入抽象图形、宇宙太空、人工智能图标等科技元素，完成电磁创想作品外观的设计	🚄 🚄 🚄
能选择合适的材料和工具，制作出能稳定控制运动状态的电磁创想作品	🚄 🚄 🚄
在展示作品环节，乐于分享创作经验，并与其他小组交流互评，对作品进行反思	🚄 🚄 🚄

(续表)

评价项目	自评
能根据所学电磁知识画出儿童乐园里关于电磁原理的机动游戏的简图	🚄 🚄 🚄
综合评价	🚄 🚄 🚄

二 基础测验

（一）选择题

1. 在科学课上，老师在导线两端接上电源，给导线通电。据此，以下哪种现象可能发生？（　　）

　　A. 导线迅速发热

　　B. 附近的指南针指针发生偏转

　　C. 导线发光

2. 小明在做实验时发现，增加电磁铁线圈的匝数后，其磁性有了明显的变化。请问下列哪种对此的描述是正确的？（　　）

　　A. 磁性减弱

　　B. 磁性不变

　　C. 磁性增强

3. 小华正在测试一个电磁铁，他发现当他增加一个电池时，电磁铁吸取的大头针数量变少了很多。根据这一现象，以下哪种说法是正确的？（　　）

　　A. 通过电磁铁的电流越大，磁性越弱

　　B. 电池个数增加，电流变小

　　C. 电路断路了，但电磁铁还没完全消磁

4. 在电动机的工作原理中，转子转动的动力来源是什么？（　　）

　　A. 重力

　　B. 摩擦力

　　C. 电磁力

5.当磁铁靠近电动机的转子或增大通过转子线圈的电流时，以下哪种变化将会发生？（   ）

  A．转子停止转动

  B．转子转动速度变慢

  C．转子转动速度变快

（二）判断题

1.导线通电后能够在其周围产生磁场。   （   ）

2.如果电磁铁的线圈匝数减少，那么它的磁性将会增强。 （   ）

3.流过电磁铁的电流越大，电磁铁磁性越强。   （   ）

4.电动机的转子是由铁芯和线圈组成的，因此它本身并不是一个电磁铁。

                   （   ）

5.通过改变流过电动机转子线圈的电流的方向或磁铁的磁极方向，可以改变转子的转动方向。   （   ）

三 PMIQ 反思

学生完成项目学习后进行 PMIQ 反思，填写下表。

小组名称：		学生姓名：	
项目名称：			
Plus 我已学懂的知识	Minus 我还未学懂的 知识	Interest 我还想继续关注的 知识	Questions 我仍然存在疑问的 知识

从港珠澳大桥到桥梁创想

📖 项目简介

> 　　本项目以学生参观港珠澳大桥为情境，启发学生思考斜拉桥在港珠澳大桥中的应用，利用科学探究了解斜拉桥比平面桥更能承重、索塔越高主梁承重能力越强等科学原理。通过工程设计流程设计制作出具有港珠澳特色且承重能力强的斜拉桥。在创意拓展环节中，学生尝试在斜拉桥中融入其他桥梁结构（如拱桥结构），以增强桥梁的承重能力，进一步理解各种桥梁结构。

👨‍🏫 跨学科学习目标

科学目标	工程目标	技术目标
能利用控制变量法，探究斜拉桥与平面桥承重能力的不同、索塔高度对主梁承重能力的影响等。	能用工程设计的方法设计斜拉桥的方案；能为制作斜拉桥选择合适的材料；能对斜拉桥进行测试，并对作品进行迭代更新。	能说出港珠澳大桥中使用的方法与技术；能应用增高索塔的方法增强主梁的承重能力。

数学目标	艺术目标	语言目标
能根据搭桥材料的成本做好项目预算；能合理测量与计算桥梁各组成部分的比例与尺寸。	能鉴赏斜拉桥的对称美；能将金紫荆、渔女雕塑、大三巴牌坊等港珠澳特色元素融入斜拉桥中。	能理解和分析阅读材料，讲述施工团队在港珠澳大桥建造过程中遇到的困难及解决方法；能在展示交流活动中流畅表达设计与制作桥梁的过程。

🔭 驱动问题

项目核心驱动问题：

　　如何设计并制作一座具有港珠澳特色且承重能力强的斜拉桥？

本项目共分五个环节进行，每个环节的问题如下：

环节	问题
问题聚焦	1. 我们要设计一座什么样的斜拉桥？ 2. 制作斜拉桥需要考虑哪些因素？ 3. 施工团队在建造港珠澳大桥时遇到了什么困难？他们使用了什么技术解决困难？
科学探究	1. 斜拉桥和平面桥的承重能力有什么不同？ 2. 索塔高度对主梁承重能力有什么影响？
设计制作	1. 针对斜拉桥的评价指标是什么？ 2. 如何选择制作斜拉桥的材料与工具？成本预算是多少？ 3. 如何利用示意图表达斜拉桥的设计方案？ 4. 如何测试斜拉桥的承重能力？ 5. 如何选择合适的方式展示斜拉桥并交流看法？ 6. 如何根据展示交流结果改进斜拉桥？
创意拓展	1. 生活中有哪些种类的桥梁？ 2. 如何进一步增大斜拉桥的承重能力？
评价反思	1. 我在项目实施过程中各方面表现如何？ 2. 我掌握了哪些关于斜拉桥原理与工程设计的基础知识？ 3. 我有哪些进步与不足？

活动过程

【问题聚焦】

一 情境问题

（一）创设真实情境

2019 年的暑假，爸爸带着小杨去乘游船，参观刚建成不久的港珠澳大桥。蜿蜒的大桥宛如卧在伶仃洋上的一条巨龙，小杨惊叹不已。但小杨也疑惑：为什么主梁上有很多斜的钢索？这样不会影响人们观看海面的景色吗？爸爸告诉小杨，这里采用的是斜拉桥的技术。小杨不明所以地点了点头，他打算回学校和同学们一探究竟。回到学校后，小杨和同学们分享了自己参观港珠澳大桥的所见所闻。于是，他们决定参考港珠澳大桥制作一个斜拉桥创想作品。

（二）提出问题

我们要设计并制作一座什么样的斜拉桥？需要考虑哪些因素？

二 确定目标

进行小组讨论，确定小组制作的斜拉桥要达到的目标，填写目标计划表。

目标计划表

小组名称	
小组成员	

我们的目标

（斜拉桥的尺寸、外观或承重目标等。）

三 阅读研讨

港珠澳大桥中的斜拉桥技术

港珠澳大桥作为世界级的跨海通道，其建造工程中运用了多项尖端技术，其中斜拉桥技术的应用尤为关键。斜拉桥是一种利用多根钢索（斜拉索）将主梁直接对称拉挂在索塔上的桥梁结构形式，这种设计既能承受较大的距离跨度，又能保持较高的稳定性和安全性。

在港珠澳大桥的建设过程中，斜拉桥技术被应用于连接人工岛与桥梁的部分。在复杂的海洋环境中，斜拉桥的设计和施工面临着极大的挑战。工程师们采用了特殊的设计和材料，确保斜拉桥能够抵御强风、大浪等自然因素的影响。例如，斜拉索采用了高强度、耐腐蚀的材料，并通过精确的计算确定了最佳的索力分布，以确保桥梁的稳定性和耐用性。

此外，为了适应复杂的地质条件和提高施工效率，港珠澳大桥的斜拉桥部分还采用了预制构件和现场拼装的方法。这两种方法不仅缩短了施工周期，还减少了对当地环境的影响。同时，为了保证斜拉桥的精确对接和优秀性能，施工团队使用了高精度的测量技术和先进的控制系统，确保了桥梁的质量达标和顺利建成。

总的来说，斜拉桥技术在港珠澳大桥中的应用展示了高水平的现代桥梁工程技术，不仅提升了桥梁的美观性和实用性，也为未来跨海大桥的建设提供了宝贵的经验。

小组研讨，完成填空并回答下面的问题。

1. 请根据文本中对斜拉桥的定义画出斜拉桥，写出对应的组成部分的名称。

2. 港珠澳大桥的斜拉索使用的材料是＿＿＿＿＿＿＿＿＿＿＿＿＿＿，使用它的原因是＿＿＿＿＿＿＿＿＿＿＿＿＿＿＿＿。

3. 请继续查阅资料，说一说：施工团队在港珠澳大桥建造过程中还遇到了什么困难？工程师运用了什么技术去克服？

【科学探究】

一　激趣导入

（一）阅读材料

阅读以下材料，了解常山大桥的变化。

坐落于浙江省西南部的常山县是一个宁静的县城。20 世纪初，该县仅有木桥。后来随着人口增长，交通需求增加，木桥无法满足需求，于是当地建造了一座平面桥——常山大桥。然而，随着河流两岸的住宅区和商业区发展，平面桥开始显得"力不从心"。政府决定将其改造为斜拉桥，以增加跨度和承载能力，提升美观度。改建工程包括拆除旧桥部分结构，增加斜拉索和主塔，形成稳定三角形结构，以增强稳定性、提升现代化外观。

（二）提出科学探究问题

❶ 斜拉桥和平面桥的承重能力有什么不同？

❷ 索塔高度对主梁承重能力有什么影响？

二　实验探索

（一）**探索一**　比较斜拉桥和平面桥

❶ 思考并作出假设：斜拉桥和平面桥哪个承重能力更强？

② 设计实验。

材料：KT板、钩码、棉线、透明胶。

实验过程：

如图所示，用KT板、棉线、透明胶分别搭建平面桥和斜拉桥，把钩码逐个放在桥中央，记录桥底触碰桌面时桥面钩码的数量。两种桥各重复实验3次。

③ 按要求做实验，填写实验记录单，进行小组汇报。

实验记录单

桥梁类型	承重数／个		
	第1次实验	第2次实验	第3次实验
斜拉桥			
平面桥			

④ 研讨解释。

根据探索一的现象和结果等信息，比较得出斜拉桥与平面桥承重能力的不同。

（二）**探索二** 索塔高度对主梁承重能力的影响

① 思考并作出假设：索塔高度对主梁承重能力有什么影响？

② 设计实验。

材料：2张靠椅、细绳、塑料板、书本若干、4瓶水。

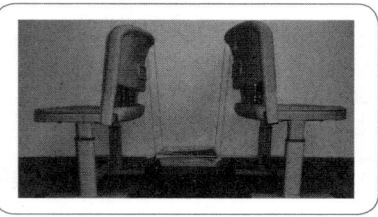 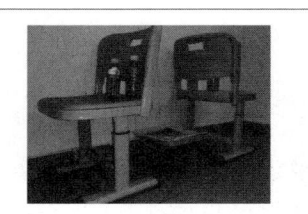

实验过程：

按图搭建实验装置，用塑料板模拟主梁，用2张靠椅模拟索塔。逐渐增加塑料板上书本数量，直到水瓶刚好离开椅子表面，记录书本数量。换用短绳子将塑料板吊高，重复以上实验。两种情况各重复实验3次。

❸ 按要求做实验，填写实验记录单，进行小组汇报。

实验记录单

塑料板高度	承重数 / 本		
	第 1 次实验	第 2 次实验	第 3 次实验
低（用长绳）			
高（用短绳）			

❹ 研讨解释。

根据探索二的现象和结果等信息，推理出索塔高度对主梁承重能力的影响。

三 总结研讨

（一）探究总结

> **通过科学探究，我们知道**
>
> 1. 斜拉桥比平面桥承重能力更强。
> 2. 在斜拉桥中，索塔越高，主梁的承重能力越强。

（二）拓展研讨

为了设计一座承重能力更强的斜拉桥，可以用什么方法？

【设计制作】

一 分析产品

观察港珠澳大桥的斜拉桥部分，分析斜拉桥的组成部分及各部分的功能，了解斜拉桥各部分的主要制作材料。

（一）分条列举斜拉桥的组成部分及各部分的功能

1.＿＿＿＿＿＿＿＿＿＿＿＿＿＿＿＿＿＿＿＿＿＿＿＿＿＿＿＿＿＿

2.＿＿＿＿＿＿＿＿＿＿＿＿＿＿＿＿＿＿＿＿＿＿＿＿＿＿＿＿＿＿

3.＿＿＿＿＿＿＿＿＿＿＿＿＿＿＿＿＿＿＿＿＿＿＿＿＿＿＿＿＿＿

（二）写出斜拉桥的组成部分的名称，并说一说主要材料

选词填空：斜拉索、索塔、横梁

二 共研标准

教师与学生一起讨论并确定针对斜拉桥的评价指标。以"抗扰能力、承重大小、对称性、美观程度、成本控制"为评价指标制订自制斜拉桥评分表。

自制斜拉桥评分表

评价指标	指标含义	评分依据	分值	得分
抗扰能力	斜拉桥的抗震、抗风能力	遇到较弱震动或风力就失去平衡	0~15	
		遇到较强震动或风力能保持平衡	16~30	
承重大小	斜拉桥主梁可承载钩码个数	每个钩码 +1 分	0~10	
对称性	索塔两侧斜拉索的对称性	索塔两侧斜拉索不对称	0	
		索塔两侧斜拉索对称	10	
美观程度	斜拉桥整体造型和外观上的视觉协调性、是否有港珠澳特色及能否给人们带来审美享受	索塔的外观不具有港珠澳特色，索塔高度与主梁比例失衡	0~15	
		索塔的外观具有一定的港珠澳特色，索塔高度与主梁比例比较恰当	16~30	
		索塔的外观设计有鲜明的港珠澳特色，具备丰富的象征意义；索塔高度与主梁的空间比例均衡且协调	31~40	

（续表）

评价指标	指标含义	评分依据	分值	得分
成本控制	斜拉桥成本控制和节约材料的水平	成本严重超支，浪费材料	0	
		成本超支部分占原始预算的 10% 及以下	5	
		成本在预算内	10	
总分			0~100	

三 设计方案

（一）初步确定斜拉桥的设计

❶ 在互联网上搜索、借鉴他人的斜拉桥的索塔造型、主梁和斜拉索的外观设计。

❷ 查阅港珠澳的特色元素，如香港的金紫荆、珠海的渔女雕塑、澳门的大三巴牌坊等。

❸ 小组初步确定斜拉桥的结构与外观设计。

（二）选择制作斜拉桥的材料与工具

根据前面对斜拉桥结构与材料的分析，以及小组讨论的斜拉桥设计需求，选择制作斜拉桥的材料和工具，并说明理由。

可供选择的材料：

A. 报纸 B. 硬卡纸 C. 竹签 D. 棉线 E. 牙线 F. KT 板

G. 纸皮 H. 筷子 I. 超轻黏土……

可供选择的工具：

A. 胶水 B. 双面胶 C. 热熔胶枪 D. 剪刀 E. 尺子 F. 铅笔

G. 马克笔 H. 小刀 I. 钩码……

材料的选择

组成部分	材料（填写字母序号）	理由
主梁		
索塔		
斜拉索		

可能需要用到的工具（填写字母序号）：

_____

_____

（三）绘制斜拉桥的设计图

❶ 小组合作，结合初步确定的港珠澳特色元素、外观和材料，绘制具有港珠澳特色且承重能力强的斜拉桥设计图。

❷ 汇报交流，每个小组讲解本组的斜拉桥设计意图，其他小组从自制斜拉桥的结构合理性及美观程度等方面提出建议。

斜拉桥设计图

正视图	
侧视图	
港珠澳元素	

（四）制作斜拉桥的项目预算

每个小组有 100 元经费可购买下列材料。除了这些材料，小组还可以根据设计需求自带其他材料，但自带材料的价格也需要列入成本预算表中。

材料清单与价格表

A. 报纸 2 元／张	B. 硬卡纸 5 元／张	C. 竹签 0.2 元／根
D. 棉线 5 元／份	E. 牙线 10 元／份	F. KT 板 15 元／张
G. 纸皮 7 元／张	H. 筷子 5 元／根	I. 超轻黏土 10 元／份

小组制作斜拉桥的成本预算表

材料（填写字母序号）	数量	单价／元	总价／元
预算总额			

四　物化设计

（一）制作原型

❶ 各小组根据成本预算表购买材料、领取工具。

❷ 小组合作，按设计图制作斜拉桥的原型。

（二）原型测试

小组进行原型测试，填写测试记录表。

自制斜拉桥功能测试记录表

小组名称：

测试项目	测试结果
斜拉索对称性（√／×）	
能否抗扰（√／×）	
主梁承重大小／个	

【备注】

斜拉索对称性测试：用尺子测量斜拉索的间距是否相同。

抗扰测试：测试斜拉桥在一定的风力和震动环境下能否维持平衡。

主梁承重大小测试：往主梁中央放钩码后，记录主梁下方接触桌面时钩码的数量。

五　交流完善

（一）汇报交流

❶ 小组展示自制斜拉桥功能测试记录表，分析斜拉桥的结构与功能，介

绍本组的斜拉桥的亮点与不足。同时，回答他人提出的问题。

❷ 其他小组专心听汇报，根据汇报内容提出问题及修改建议，发现其亮点，并填写《从港珠澳大桥到桥梁创想》成果汇报交流表。

《从港珠澳大桥到桥梁创想》成果汇报交流表

小组名称：			
汇报小组	作品亮点	作品有待改进之处	我的疑惑

（二）作品反思

小组根据交流意见与建议填写作品反思表，并迭代更新自己小组的斜拉桥的设计方案。

作品反思表

小组名称：		
作品名称：		
作品亮点	待改进之处	他人的改进提议
修改方案（图文并茂）		

（三）定型作品

小组根据作品反思表对作品进行修改、完善，定型作品。

【创意拓展】

一 头脑风暴

桥的种类繁多，不同结构的桥有着不同的稳定性与承重能力。请回忆生活中的桥，说一说：除了我们熟悉的斜拉桥，你还知道什么结构的桥？不同的结构是如何增强桥的稳定性与承重能力的？请小组展开头脑风暴，讨论各种类型的桥梁，并用思维导图的形式表达出来。

各种结构桥梁思维导图

二 拓展设计

在"各种结构桥梁"思维导图中，选择小组成员最感兴趣的一种桥梁结构，尝试把该桥梁结构融合到自己小组的斜拉桥中，合作绘制出这个"多结构桥梁"的设计图。

多结构桥梁设计图

【评价反思】

一 项目自评

请根据自己的表现进行自评。自我评价越高，填涂越多星星。

项目自评表

评价项目	自评
能与小组成员进行良好的沟通，确定目标计划，并按计划开展活动	☆ ☆ ☆

（续表）

评价项目	自评
能通过查阅文献、观看视频等多途径了解斜拉桥及各种桥梁的相关信息	☆☆☆
能通过科学探究理解斜拉桥与平面桥承重能力的不同，以及索塔高度对主梁承重能力的影响	☆☆☆
能根据港珠澳的经典元素完成斜拉桥外观的设计	☆☆☆
能选择合适的材料和工具，制作出具有港珠澳特色且承重能力强的斜拉桥	☆☆☆
在展示作品环节，乐于分享制作经验，并与其他小组交流互评，对作品进行反思	☆☆☆
在了解更多桥梁的结构后，能在原斜拉桥的基础上加以补充，并画出设计图	☆☆☆
综合评价	☆☆☆

二 基础测验

（一）选择题

1. 斜拉桥不包括以下哪个组成部分？（　　　）

　　A. 索塔　　　　　　　B. 斜拉索　　　　　　C. 拱

2. 拱桥的作用不包括以下哪个？（　　　）

　　A. 主梁在拱上方时，桥下空间高，便于船的通行

　　B. 主梁在拱下方时，主梁拉住拱足，能抵消拱的外推力

　　C. 拱桥能减弱桥的承重能力

3. 我们的斜拉桥承重能力不够强，原因可能是（　　　）。

　　A. 索塔的高度比较低

　　B. 主梁的材料薄，而且不坚固

　　C. 以上均有可能

4. 斜拉桥比平面桥承重能力更强的原因是（　　　）。

　　A. 斜拉桥的主梁更加坚固

　　B. 斜拉桥的索塔更重

C. 斜拉桥的索塔通过斜拉索与主梁相连，分散主梁压力

D. 斜拉桥的材料更耐用

5. 对于斜拉桥索塔高度与主梁承重能力的关系，以下说法正确的是（　　）。

A. 索塔高度对主梁承重能力没有影响

B. 索塔高度越高，主梁承重能力越强

C. 索塔高度越低，主梁承重能力越强

D. 索塔高度越高，主梁承重能力越弱

（二）判断题

1. 斜拉桥的承重能力比平面桥的更强。　　　　　　　　　　（　　）

2. 斜拉桥的钢索只需拉紧即可，不需要考虑对称性。　　　　（　　）

3. 索塔高度不影响主梁的承重能力。　　　　　　　　　　　（　　）

4. 斜拉索是桥梁承重的主要构件，索塔是支撑斜拉索的主要构件。

（　　）

5. 在真实的斜拉桥中，斜拉索用粗麻绳即可。　　　　　　　（　　）

三　PMIQ 反思

学生完成项目学习后进行 PMIQ 反思，填写下表。

小组名称：		学生姓名	
项目名称：			
Plus 我已学懂的知识	Minus 我还未学懂的知识	Interest 我还想继续关注的知识	Questions 我仍然存在疑问的知识

后记

　　《教育部等十八部门关于加强新时代中小学科学教育工作的意见》（教监管〔2023〕2 号）文件中强调的工作原则之一是"重在实践，激发兴趣"：以学生为本，因材施教，推进基于探究实践的科学教育，激发中小学生好奇心、想象力和探求欲，培养学生科学兴趣，引导学生广泛参与探究实践，做到学思结合、寓教于乐，自觉获取科学知识、培养科学精神、提升科学素质、增强科技自信自立、厚植家国情怀，努力在孩子心田种下科学的种子，引导孩子编织当科学家的梦想。

　　一直以来，华南师大附小都践行这个科学教育理念，呵护学生的科学梦想，致力于培养具有科学家潜质的学生，其中一个具有代表性的例子是学校"火星斥候基地"游乐场的建设与使用。"火星斥候基地"的设计是华南师大附小学生开展跨学科项目式学习实践活动、发展其创新创造能力的典型案例。

　　"火星斥候基地"的命名者和设计者是华南师大附小的李吉洋、张丁夫、舒昶竣等小设计师。2023 年初，这些小设计师参加了主题为"火星矿产基地"的跨学科项目式学习实践活动。他们通过自主查阅大量资料，充分发挥想象力，运用科学、美术、数学、工程等跨学科知识和技能绘制作品设计图、制订实施方案，最终做出令人满意的航天模型——火星基地。4 月，小设计师们带着这些作品参加全国青少年航天创新大赛，荣获了广东省一等奖等佳绩。

　　2023 年 7 月 17 日上午，国际宇航科学院院士、中国首飞航天员杨利伟莅临华南师大附小参观指导，当时杨利伟对小设计师们创造的这些作品大加赞赏。2023 年 11 月 16 日，国际宇航科学院院士、中国知名航天专家何质彬到访华南师大附小，与小设计师们进行了热烈讨论，并对他们的设计理念和模型制作给予了细致指导。

　　更加令人振奋的是学校决定采用小设计师们的创意，建设一个规模庞大的、独一无二的"火星斥候基地"游乐场。从此，小设计师们的作品不再是一张设计图或一个小模型，而是一个真实的能供同学们玩乐的大型设施。其中游乐场的"太空

飞船"和滑梯采用的是张丁夫和舒昶竣的模型设计，而文化布置则采用了李吉洋的设计理念：2050年，为应对地球资源环境危机，世界各国组成地球联合政府组织地球人移民火星。由于火星目前不利于人类生存，因此首先要对火星进行改良。于是，地球联合政府制定了"斥候"计划，决定在火星建设一个先遣基地，名为"斥候基地"，主要做大规模移民前的空气、土壤、水资源、动植物、矿产、太空辐射科研和前期开放建设等方面的工作。

2024年4月24日是中国航天日，华南师大附小举行了隆重的"火星斥候基地"游乐场启用仪式。"火星斥候基地"修建在华南师大附小的明德楼，从二楼一直延伸到负一楼。当人们踏入"火星斥候基地"，仿佛进入了外太空，它的每一个角落都散发着神奇的魔力，吸引着孩子们驻足而观。在这里有很多孩子们喜欢的游乐设施：平衡木、跷跷板、攀爬网……而最令人瞩目的是那贯穿三层楼的太空飞船形状的滑梯，那长长的滑道宛如飞船的紧急通道，一直蜿蜒盘旋着，远远看去特别有趣、刺激，让人忍不住沉浸其中……

"火星斥候基地"不仅是供孩子们游乐的设施，还承载着大家对科学探索的渴望，对未知世界的好奇，对科技梦想的追求。这个神奇的地方充满了无限的惊喜和快乐，是孩子们想象力和创造力起飞的地方。期待孩子们在这个空间里自由探索，在玩乐中学习，在游戏中成长！